Italian GCSE Vocabulary

Your Malvern Guide

Ian McKeane
in association with
Val Levick
Glenise Radford
Alasdair McKeane

CONTENTS

Please note the following points:

- * These verbs take essere in the perfect and other compound tenses.

- *irreg* These verbs or adjectives are irregular and must be learned.

- § These verbs are broadly regular in pattern, but have variations in some tenses.

- (isc) These -ire verbs insert **-isc** in the present indicative, present subjunctive and imperative (1st, 2nd and 3rd person singular and 3rd person plural only).

- If an adjective or a noun has a regular feminine form, then usually only the masculine form is given. Adjectives ending in **-e** in the singular are both masculine and feminine.

- The gender of nouns is given only when the noun is preceded by the definite article l'.

- (m) masculine

- (f) feminine

- (mpl) masculine plural

- (fpl) feminine plural

- *coll* colloquial

- *inv* invariable

- *sthg* something

- *s.o.* someone

- Some words or expressions do not have an exact Italian equivalent. In such cases the nearest equivalent is given.

- Some common words appear in more than one list if they can be used in more than one situation. Page references are made at the end of sections to indicate other words which might be useful to the topic.

SCHOOL

La scolarizzazione School attendance

la scuola (pubblica)......(state) school
la scuola materna..........nurscry school
la scuola elementare.....primary school
la scuola elementare privata...prep school
la scuola media.............secondary school
la scuola privata...........public school
il collegio ....boarding school
il liceo...........................sixth form college

la scuola materna..........reception class
la prima e la seconda....year 1 and 2
la terza e la quarta........year 3 and 4
la quarta e la quinta......year 4 and 5
la prima (media)..........year 6

essere* in seconda media . to be in Year 7
essere* in terza.................to be in Year 8
essere* in quarta ginnasio to be in Year 9
fare la quinta ginnasio......to be in Year 10
fare la prima liceo ....to be in Year 11
essere* in seconda liceo ... to be in Year 12
essere* in terza liceo ....to be in Year 13

Le persone   People

l'allieva (f) ....pupil
l'allievo (m) ....pupil
l'allievo di scuola senza convitto (m)
..................................day-boy
l'assistente (m, f)..........student supervisor
l'assistente di lingue (m, f)
..................................language assistant
la bidella......................caretaker
il bidello ....caretaker
il, la collegiale..............day pupil
la compagna di classe... classmate
la compagna di scuola.. school friend
il compagno di classe ... classmate
il compagno di scuola .. school friend
il consigliere di orientamento professionale
..................................careers officer

la consigliera di orientamento professionale
..................................careers officer
il convittore.................boarder
la convittrice ....boarder
il, la corrispondente ..... partner (exchanges)
l'economo (m) ....bursar
il, la ginnasiale.............pupil at a ginnasio
l'infermiera (f)............. matron, nurse
l'insegnante (m, f)........ teacher
il, la liceale.................pupil at a liceo
il, la preside ....headteacher
il, la prof *coll* ....teacher
il professore ....teacher
la professoressa............teacher
lo scolaro ....schoolboy
la scolara.....................schoolgirl
la segretaria.................secretary
lo sgobbone *coll*...........swot

L'edificio scolastico
                               The school complex

l'area (f) di ricreazione ....playground
l'aula (f)......................classroom
l'aula (f) per assemblea ....assembly hall
la biblioteca ....library
il campo da tennis........tennis court
il campo di calcio.........football pitch
il centro di documentazione (m)
..................................resources centre
il corridoio ....corridor
il dormitorio................dormitory
l'infermeria (f)............ sick bay
il laboratorio ....workshop, laboratory,
                               studio
il laboratorio di lingue . language lab
la mensa......................canteen
la palestra....................gym
la piscina.....................swimming pool
il refettorio ....dining-hall
la sala dei professori .... staffroom
la sala di ricreazione .... covered play area

la sala di lettura .... study room
la sala per gli allievi ..... pupils' common room
gli spogliatoi .... changing rooms
l'ufficio (m) .... office

L'anno scolastico The school year

l'apprendimento (m) ..... learning
l'insegnamento (m) ...... teaching
l'istruzione (f) .... education
l'orario (m) .... timetable
il rientro delle classi ..... start of school year
lo scambio scolastico .... school exchange
la settimana .... week
il trimestre .... term
la vacanza di febbraio
.... February half term holiday
la vacanza di metà trimestre
.... autumn half term holiday
la vacanza invernale
.... February half term holiday
le vacanze di Natale ..... Christmas holidays
le vacanze di Pasqua ..... Easter holidays
le vacanze estive .... summer holidays

La giornata scolastica The school day

l'adunanza (f) del mattino ..... assembly
i compiti (mpl) .... homework, prep
il giorno .... day
la giornata .... day
l'intervallo (m) .... break
la lezione .... lesson
il mattino .... morning
il pasto di mezzogiorno ... midday meal
la pausa del mezzogiorno . dinner hour
il pomeriggio .... afternoon

La divisa scolastica
School uniform

i calzini .... socks
la camicetta .... blouse
la camicia .... shirt
il collant .... tights

la cravatta .... tie
il blazer .... blazer
il gilet .... waistcoat
il golf .... cardigan
la gonna .... skirt
la maglia .... pullover
i pantaloni .... trousers
le scarpe .... shoes
il vestito .... dress
For **colours** see page 29

Come vieni a scuola?
How do you get to school?

in auto .... by car
in autobus .... by bus
in bicicletta .... by bicycle
in bus .... by bus
nel bus della scuola ...... by school bus
in macchina .... by car
in metropolitana .... by underground
a piedi .... on foot
in tram .... by tram
in treno .... by train

la fermata d'autobus .... bus stop
la stazione .... station
la stazione di metropolitana ... tube station
la stazione di pullman .. coach station

Quando arrivi?   When do you arrive?

presto .... early
puntualmente .... on time
in ritardo .... late (for appointment)
tardi .... late (not early)
For **clock times** see page 94

In aula   In the classroom

l'armadietto (m) .... locker, pigeon hole
l'armadio (m) .... cupboard
la cattedra .... teacher's desk
il computer *inv* .... computer
le cuffie .... headphones

la finestra	window	il progetto	project
il gesso	chalk	la regola	rule; ruler
la lavagna	(black/white) board	il riassunto	summary
la lavagna luminosa	overhead projector	la risposta	reply, answer
il microfono	microphone	il risultato	result
il muro	wall	la scheda di valutazione	school report
il pavimento	floor	il silenzio	silence
il permesso	permission	il simbolo	symbol
la porta	door	il tema	essay
il registratore	tape recorder	il tempo	time
il registro	register	la traduzione	translation
lo schermo	screen	il vocabolario	vocabulary
la sedia	chair		
il soffitto	ceiling		

Il materiale scolastico
Classroom equipment

la spugna	sponge	il bastoncino di colla	glue stick
la tavola	table	il taccuino	notepad, note book
il videoregistratore	video recorder	la calcolatrice	calculator
		la carta (da disegno)	(drawing) paper
l'autorizzazione (f)	permission	la cartella	school bag
il brano	passage	la cartellina	folder, file, binder
la calligrafia	handwriting	la cartina	map
i compiti (mpl)	homework, prep	la cartuccia d'inchiostro	ink cartridge
il compito	exercise, piece of work	la colla	glue
il compito d'italiano	Italian homework	la cucitrice	stapler
il dialogo	dialogue	il disegno	picture
il dibattito	debate	il dizionario	dictionary
l'errore (m)	mistake	l'evidenziatore (m)	highlighter pen
l'esempio (m)	example	il foglio di carta	sheet of paper
l'esercizio (m)	exercise	le forbici	scissors
l'estratto (m)	extract, excerpt	la gomma	rubber
la fila	row, line	la graffetta	paper clip
la frase	phrase, sentence	l'inchiostro (m)	ink
la grammatica	grammar	il libro	book
l'insegnamento (m)	teaching	il libro di testo	text book
l'istruzione (f)	education	la matita	pencil
la lettura	reading	la penna a sfera	(ball-point) pen
la linea	line	la penna stilografica	(fountain) pen
la lingua	language	il pennarello	felt tip pen
l'ortografia (f)	spelling	il pennello	paint brush
la pagina	page	la perforatrice	hole punch
la parola	word	il porta matite	pencil case
il problema	problem		

i punti	staples
la puntina da disegno	drawing pin
il quaderno	exercise book
il quaderno di appunti	notebook, vocab book
il quaderno di brutta	rough book
il righello	ruler; rule
lo scotch®	Sellotape®
il temperamatite	pencil sharpener
il Tippex®	Tippex® pen
lo zainetto	schoolbag, satchel, rucksack

Le materie — School subjects

la biologia	biology
la ceramica	pottery
la chimica	chemistry
lo studio dei media	media studies
il cucito	needlework
il disegno	drawing
l'economia domestica (f)	food technology, home economics
l'educazione civica (f)	PSE
l'educazione fisica (f)	PE, physical education
l'educazione religiosa (f)	RE
la fisica	physics
il francese	French
la geografia	geography
la ginnastica	gymnastics
il greco	Greek
l'informatica (f)	ICT, computer studies
l'inglese (m)	English
il latino	Latin
la letteratura	literature
la matematica	maths, mathematics
la materia preferita	favourite subject
la musica	music
il russo	Russian
le scienze	science
le scienze economiche e sociali	economics
lo spagnolo	Spanish
lo sport	sport

la storia	history
gli studi commerciali	business studies
gli studi teatrali	drama
la tecnologia	technology
il tedesco	German

Gli esami — Examinations
I voti — Marks

il certificato	certificate
il diploma	diploma
l'esame (m)	examination
la prova	assessment test, exam
la prova d'ascolto	listening test
la prova orale	speaking test
la prova scritta	written test
il risultato	result
il voto	mark

avere un buon voto *irreg*	to get a good mark
avere un brutto voto *irreg*	to get a bad mark
essere* bocciato a un esame *irreg*	to fail an exam
fare un esame *irreg*	to take an exam
essere* promosso	to pass an exam

Le attività extra curriculari — Out of school activities

il club	club
il coro	choir
lo scambio	exchange
la squadra	team
l'escursione (f)	trip, outing
la banda di ottoni	brass band
la partita	match
l'orchestra (f)	orchestra
la recita scolastica	play
il torneo	tournament
la visita	visit

Com'è? — What is it like?

assente	absent, away
beneducato	well-mannered

buffo	funny
buono *irreg*	good
cattivo	naughty
chiaccherone	talkative
classico	classical
complicato	complicated
contrario	opposite
coscienzioso	conscientious
debole (in)	weak, not good (at)
di cemento	of concrete
di mattone	of brick
difficile	difficult
disciplinato	disciplined
divertente	amusing
dritto	right, straight
eccellente	excellent
esatto	exact, precise
facile	easy
fantastico *coll*	super
forte (in)	strong; loud; good (at)
giovane	young
giusto	correct
grande *irreg*	big, great
importante	important
indisciplinato	rowdy
interessante	interesting
inutile	useless
lavoratore, lavoratrice	hard-working
lungo	long
maleducato	ill-mannered
medio	average
misto	mixed
moderno	modern
noioso	boring
nuovo	new
pigro	lazy
preciso	exact, precise
preferito	favourite
presente	present, "here"
questi, queste	these
questo, questa	this
sbagliato	wrong

scemo *coll*	stupid
scolastico	to do with school
severo	strict
simpatico	nice
spaventoso	awful
stupido	stupid
ultimo	last (final)
utile	useful
vecchio	old
vero	true
zero (in)	not good, hopeless (at)

Avverbi   Adverbs

bene	well
lentamente	slowly
male	badly
a memoria	by heart
presto	quickly

Verbi utili   Useful verbs

amare	to like
aprire *irreg*	to open
ascoltare	to listen (to)
capire (isc)	to understand
chiedere *irreg*	to ask (for)
cominciare §	to begin
completare	to complete
copiare §	to copy
correggere *irreg*	to correct
entrare* (in)	to come in, go in
essere* *irreg*	to be
fare i compiti *irreg*	to do one's homework
fare una domanda *irreg*	to ask a question
imparare	to learn
leggere *irreg*	to read
parlare	to speak
prendere nota (di) *irreg*	to write down
ripetere	to repeat
rispondere *irreg*	to reply, answer
scegliere *irreg*	to choose
scrivere *irreg*	to write
sentire	to hear
tacere *irreg*	to be quiet

alzarsi * .... to stand up, to get up	detestare .... to dislike
calcolare .... to calculate	dimenticare § .... to forget
cancellare...................... to rub out, erase	dire *irreg* .... to say, tell
cantare .... to sing	durare* .... to last
chiacchierare................. to chat	essere* in ritardo *irreg.* to be late
compilare...................... to fill (in) (up)	fare l'appello *irreg* .... to call the register
contare .... to count	fare lo scemo *irreg* .... to play up
corrispondere *irreg* .... to correspond	fermare......................... to stop
discutere *irreg* .... to discuss	giocare (a) § .... to play (sport)
disegnare .... to draw	imbrogliare § .... to cheat
fare attenzione *irreg* ..... to be careful, pay attention	immaginare .... to imagine
fare un esperimento *irreg.* to do an experiment	indossare .... to wear
girare .... to turn	insegnare .... to teach
guardare....................... to look at	inventare .... to invent
indicare § .... to point out	lasciar cadere............... to drop
indovinare.................... to guess	lasciare § .... to leave (person, object)
mettere in ordine *irreg.* to put in the right order	non combinare nulla .... to mess about
mostrare....................... to show	odiare § .... to hate
notare........................... to note	partire* (da) .... to leave (town, country)
osservare...................... to watch	pensare .... to think
paragonare .... to compare	perdere *irreg* .... to lose
preferire (isc)................ to prefer	permettere *irreg* .... to allow, give permission
prendere note *irreg*....... to make notes	portare.......................... to carry
ritagliare § .... to cut out	potere *irreg* .... to be able to, can
sedersi* *irreg*............... to sit down	progredire (isc)............ to make progress
sottolineare .... to underline	punire (isc)................... to punish
spiegare § .... to explain	raccontare.................... to tell
spuntare .... to tick (as correct)	sapere *irreg* .... to know, know how to
tirare una riga sopra...... to cross out	scusarsi*....................... to apologise
tradurre *irreg* .... to translate	si tratta di ... . it is about ...
	smettere* (di) *irreg*...... to stop doing sthg
andare* a scuola *irreg* ..to go to school	sorvegliare § .... to supervise
arrivare* .... to arrive	studiare § .... to study
assistere a .... to be present at	suonare......................... to play (instrument)
avere *irreg* .... to have	uscire* (da) .... to go out (of)
avere la sufficienza *irreg*.... to get a pass mark	uscire* *irreg* (da) .... to leave (room, building)
avere ragione *irreg*....... to be right	vedere *irreg*................. to see
avere torto *irreg*........... to be wrong	venire* *irreg* .... to come
cercare (di) § .... to try (to)	volere *irreg* .... to want to, wish
consigliare § .... to advise	
dare *irreg*..................... to give	For **education after 16** see page 71

L'insegnante dice:	The teacher says:
Entrate in classe	Come/Go into the classroom
Chiudi la porta/la finestra, per favore	Close the door/the window, please
Sedetevi!/Siediti!	Sit down!
Calmatevi!/Calmati!	Quieten down!
Alzatevi!/Alzati!	Stand up!
Silenzio!	Silence!
Ora faccio l'appello	I'm going to call the register
Prendete/Prendi i quaderni/le cartelline	Get out your exercise books/folders
Prendete/Prendi il libro d'italiano	Pick up your Italian book
Aprite/Apri a pagina 32	Turn to page 32
Leggete/Leggi il testo	Read the text
Cercate/Cerca "gatto" sul dizionario	Look up "gatto" in the dictionary
Cercate/Cerca "gatto" sul vocabolario	Look up "gatto" in the vocabulary
Ascoltate/Ascolta (la cassetta)!	Listen (to the tape)!
Guardate/Guarda lo schermo/la pagina seguente!	Look at the screen/the next page!
Ripetete/Ripeti!	Repeat
Ancora una volta, tutti insieme	Once more, everyone
Rispondete/Rispondi alle domande	Answer the questions
Da quanto tempo studi l'italiano?	How long have you been studying Italian?
Guardate/Guarda la lavagna	Look at the board
Scrivete/Scrivi la data: è l'otto settembre	Put the date. It is September 8th
Che giorno è oggi?	What is the date today?
Scrivete/Scrivi il titolo	Put the title
Sottolineate/Sottolinea con il righello	Use a ruler to underline
Contate/Conta da uno a cinque	Number from one to five
Completate/Completa l'esercizio numero 2	Finish exercise 2
Completate/Completa le frasi	Finish the sentences
Correggete/Correggi il compito con una penna verde	Correct your work with a green pen
Scomponete/Scomponi in lettere la parola "libro"	Spell the word "libro"
Spunta la casella	Tick the box
Vero o falso?	True or false?
Scegliete/Scegli la risposta corretta	Choose the right answer
È giusto!	Correct!
Chiudete/Chiudi i quaderni	Shut your exercise books

Passate/Passa i quaderni a Chris, per favore .... Pass the exercise books to Chris, please

Raccogliete/Raccogli i quaderni............................... Pick up the exercise books

Portatemi/Portami i quaderni nella sala dei professori ... Bring the exercise books to me in the staffroom

Scegli una carta, Chris, per favore .... Choose a card, please, Chris

Scegli una persona .... Choose someone …

Lavorate in coppia... Work in pairs

Lavora con il tuo compagno..................................... Work with your partner

Preparate/Prepara un dialogo .... Work out a dialogue/role play

Scrivete/Scrivi il compito nel quaderno.................... Write down the homework in your exercise books

È per martedì... It's for Tuesday

Imparate/Impara l'elenco di parole .... Learn the list of words

Lo farete/farai per domani.. You will do it for tomorrow

Ci sarà una prova martedì prossimo......................... There will be a test on it next Tuesday

Capite/Capisci? .... Do you understand?

Smettete/Smetti di parlare!....................................... Stop talking!

Zitti!/Zitto! .... Be quiet!

Sbrigatevi/Sbrigati! .... Hurry up!

Mettete/Metti via le cose!.. Put your things away!

Alzatevi/Alzati!.. Stand up!

Mettete/Metti le sedie sui/sotto i banchi .... Put the chairs on/under the tables

Venite/Vieni da me domani mattina alle nove.......... Come and see me tomorrow morning at 9

L'insegnante corregge i compiti: Teacher's comments on work:

Hai ottenuto 17 su 20 .... You got 17 out of 20

Tu hai soltanto 5 su 20 .... You only got 5 out of 20

Ci sono degli errori.. There are some mistakes

"Accelerare" si scrive con due "c" e una "l"............. "Accelerare" has two "c"s and one "l"

Abbastanza bene.. Quite good

Bene.. Good

Hai dimostrato buona volontà .... Well tried

Molto bene .... Very good

Eccellente .... Excellent

Cerca di fare meglio la prossima volta..................... Try harder next time

Gli allievi dicono:	Students say:
Studio l'italiano da un anno/due anni	I've been learning Italian for one/two year(s)
Capisco	I understand
Non capisco	I don't understand
Non so	I don't know
Ho ricevuto un buon/cattivo voto	I got a good/bad mark
Parli italiano/inglese?	Do you speak Italian/English?
Ho dimenticato la penna /l'astuccio portapenne	I've forgotten my pen/my pencil case
Ho dimenticato i compiti	I've forgotten my homework
Vorrei un nuovo quaderno, per favore	I would like a new exercise book, please
Scusi, professore, professoressa …	Please Sir/Miss …
A che pagina siamo?	What page are we on?
Come si dice "homework" in italiano?	How do you say "homework" in Italian?
Come si scrive "chiuso"?	How do you spell "chiuso"?
Cosa vuol dire "chiuso" in inglese?	What does "chiuso" mean in English?
Come si pronuncia?	How do you pronounce that?
In quale quaderno lo facciamo?	Which exercise book shall we do it in?
Può ripetere, per piacere?	Will you say that again, please?
Può parlare più lentamente, per favore?	Can you speak more slowly, please?
Posso aprire la finestra?	May I open the window?
Posso uscire?	May I leave the room?
Posso temperare la matita?	May I sharpen my pencil?
Sono in terza liceo	I am in Year 13

Phrases

Le lezioni cominciano alle nove e finiscono alle quattro *Lessons begin at 9 and end at 4*

Ho sei lezioni al giorno *I have six lessons a day*

La mia materia preferita è la geografia *My favourite lesson is geography*

Sono forte in storia *I am good at history*

Sono debole in latino *I am poor at Latin*

Sono uno schianto in francese *I'm useless at French*

Faccio gli esami quest'anno *I shall be taking my exams this year*

Arrivo a scuola alle nove meno un quarto *I get to school at 8.45 am*

Vado a scuola a piedi *I walk to school*

Indosso una divisa *I wear school uniform*

FAMILY LIFE

La casa — Housing

l'appartamento (m).......flat
la casa..........................house, home
la casa bifamiliare ....semi-detached house
la casa popolare (f).......council flat, housing association flat
il condominio ....block of flats
l'edificio (m) ....building
la fattoria ....farm
la palazzina..................block of flats
lo studio.......................bedsit, studio
la villa..........................detached house, villa
la villetta a schiera........terraced house

La località — Situation

la campagna..................country (not town)
la città..........................town, city
l'indirizzo (m) ....address
il mare..........................sea
il paese.........................country (state)
il paese.........................village
la periferia ....outskirts
la Provincia..................administrative department
il quartiere ....district of town, city
il quartiere residenziale ... residential area

all'est (m) ....in the east
al nord...........................in the north
all'ovest (m) ....in the west
al sud ....in the south

For **names of countries** see page 91

L'indirizzo — Address

il centro........................centre
il corso.........................avenue
il lungofiume ....embankment, quay
la piazza.......................square
il ponte.........................bridge

il sentiero ....path
la via............................street, road, avenue
la via principale...........main road
la via senza uscita ....cul-de-sac
il viale ....boulevard, wide road
il vicolo ....alley, lane

il codice postale ....postcode
il domicilio..................place of residence
il numero.....................number
il numero di fax...........fax number
il numero di telefono.... phone number

La gente — People

gli abitanti ....inhabitants
l'agente (m, f) immobiliare....estate agent
il, la custode ....caretaker
l'inquilino (m).............tenant
il portinaio..................caretaker
il proprietario ....owner

Generale — General

l'accoglienza (f)..........welcome
l'affitto (m) ....rent
l'ascensore (m)............lift
il balcone....................balcony
il box ....garage
il caminetto ....fireplace, chimney
il cancello...................gate
la chiave ....key
il corridoio ....corridor
il cortile......................courtyard
l'entrata (f).................entrance
la finestra ....window
il gradino....................step (on stairs)
l'ingresso (m).............entrance
la luce.........................light
il metro quadrato.........square metre
il muro........................wall
il pavimento ....floor

la persiana	shutter
il pianerottolo	landing
il piano	floor, storey
il pianterreno	ground floor
la pittura	painting; paint
la porta (d'ingresso)	(front) door
il portone	main entrance to flats
il posto auto	parking space (in block of flats)
il primo piano	first floor, upstairs
la pulizia	cleaning
la ringhiera	banisters
lo scaffale	shelf
la scala	staircase
la serratura	lock
il soffitto	ceiling
il tetto	roof
il vetro	glass

l'acqua (f)	water
l'elettricità (f)	electricity
il gas	gas
l'interruttore (m)	switch
la lampadina elettrica	light bulb
la presa di corrente	plug
il riscaldamento centrale	central heating
il termosifone	radiator

Le stanze — Rooms

l'attico (m)	attic, loft
la camera da letto	bedroom
la cantina	cellar
la cucina	kitchen
il gabinetto	toilet
la sala da bagno	bathroom, toilet
la sala da giochi	playroom
la sala da pranzo	dining room
il salotto	lounge, sitting room
lo scantinato	basement
il soggiorno	living-room, lounge
la stanza da bagno	bathroom, toilet
lo stanzino	utility room

lo studio	study
il tinello	breakfast room
la veranda	conservatory
il vestibolo	hall

La stanza da bagno — Bathroom

l'acqua calda (f)	hot water
l'acqua fredda (f)	cold water
l'asciugamano (m)	towel
il bagno	bath (activity)
il bagno di schiuma	bubble bath
il bidet	bidet
la carta igienica	toilet paper
il dentifricio	toothpaste
il deodorante	deodorant
la doccia	shower
il guanto per il viso	flannel
il lavabo	wash basin
la presa per rasoio	electric razor socket
il rasoio	razor
il rubinetto	tap
il sapone	soap
lo shampo	shampoo
lo spazzolino da denti	toothbrush
lo specchio	mirror
la spugna	sponge
la vasca da bagno	bath (tub)

La camera da letto — Bedroom

l'armadio (m)	wardrobe
l'asciugacapelli (m)	hairdryer
il CD	CD
il computer *inv*	computer
la coperta	blanket
il copripiumone	duvet cover
il giocattolo	toy
il guanciale	pillow
l'impianto stereo (m)	stereo system
la lampada	lamp
il lenzuolo	sheet
le lenzuola (fpl)	sheets
il letto	bed
il libro	book

il manifesto	poster	il piattino	saucer
la moquette	fitted carpet	il piatto	plate
il pettine	comb	le posate	cutlery
il piumone	duvet, quilt	la scodella	bowl
la radio-sveglia	radio clock	la sedia	chair
la sedia	chair	il tavolo	table
la spazzola	brush	la tazza	cup
lo stereo personale	personal stereo	la teiera	teapot
il tappeto	rug, carpet (not fitted)	la tovaglia	tablecloth
il televisore	television set	il vasellame	crockery
la tenda	curtain	la zuccheriera	sugar bowl
il videogioco	video game		

Il soggiorno — **Living room**
Il salotto — **Lounge**

la biblioteca	book-case
il caminetto	fireplace
il cuscino	cushion
il divano	sofa, settee
il DVD	DVD
la foto	photo
l'impianto stereo (m)	stereo system
il lettore CD	CD player
il lettore DVD	DVD player
la moquette	fitted carpet
l'orologio (m)	clock
il pianoforte	piano
la poltrona	armchair
il porta-CD	CD holder
il posacenere	ashtray
il quadro	painting
il tavolino	coffee table
il videoregistratore	video recorder

La sala da pranzo — **Dining room**

l'apribottiglie (m)	corkscrew
il bicchiere (da vino)	(wine) glass
la caffettiera	coffee pot
la candela	candle
il coltello	knife
la credenza	sideboard
il cucchiaio	spoon
la forchetta	fork

La cucina — **Kitchen**

l'apriscatole (m)	can opener
l'asciugatore (m)	tumble dryer
l'aspirapolvere (m)	vacuum cleaner
l'asse da stiro (f)	ironing board
il bollitore	kettle
la casseruola	casserole
la centrifuga	spin dryer
il congelatore	freezer
la credenza	cupboard
la cucina a gas	gas cooker
la cucina elettrica	electric cooker
il detersivo in polvere	washing powder
il detersivo per piatti	washing up liquid
il ferro da stiro	iron
i fiammiferi	matches
il forno	oven
il forno a micro-onde	microwave oven
il frigo	fridge
il frigorifero	fridge
la lavastoviglie	dishwasher
la lavatrice	washing machine
il lavello	sink
la padella	frying pan
la pattumiera	rubbish bin
la pentola	saucepan
la pentola a vapore	steamer
il tostapane	toaster
il vassoio	tray

L'entrata, il vestibolo Hall
il campanello .... doorbell
la chiave .... key
il citofono .... internal telephone
l'entrata (f) .... entrance
la porta d'ingresso .... front door
la scala .... staircase
la segreteria telefonica . ... answering machine
il telefono .... telephone

Il box, il posto auto   Garage
gli attrezzi .... tools
l'automobile (f) .... car
la bicicletta .... bike
la macchina .... car
la moto .... motorbike
il motorino .... scooter
il tosaerba .... lawnmower

Il giardino   Garden
l'aiuola (f) .... flower bed
l'albero (da frutta) (m) . ... (fruit) tree
l'arbusto (m) .... bush, shrub
il capanno per attrezzi .. shed
la carriola .... wheelbarrow
la conifera .... fir tree
l'erba (f) .... grass
il fiore .... flower
il frutto .... fruit
i legumi .... vegetables
il melo .... apple tree
l'orto (m) .... vegetable garden
il posto auto .... parking space
il prato .... lawn
la serra .... greenhouse
la siepe .... hedge
la terrazza .... patio, terrace

Com'è?   What is it like?
accogliente .... welcoming
ammobiliato .... furnished
attrezzato .... fitted
bello *irreg* .... beautiful

bizzarro .... odd, strange
brutto .... ugly
calmo .... quiet
caro .... dear, expensive
comodo .... comfortable
convertito .... converted
di classe .... elegant
di gran classe .... posh
di lusso .... luxurious
elegante .... smart
essenziale .... essential
gradevole .... pleasant
grande *irreg* .... big
grazioso .... pretty
in alto .... upstairs, above
in basso .... downstairs, below
in buone condizioni ..... in good condition
in cattivo stato .... in poor condition
moderno .... modern
necessario .... necessary
nuovo .... new
nuovo di zecca .... brand new
perfetto .... perfect
piccolo .... small
pratico .... practical
privato .... private
proprio .... own
pulito .... clean
rumoroso .... noisy
signorile .... posh, elegant
soleggiato .... sunny
sporco .... dirty
stretto .... narrow
tranquillo .... peaceful
vuoto .... empty

antico .... very old
d'epoca .... period
industriale .... industrial
pittoresco .... picturesque
restaurato .... restored
tipico .... typical

turistico..........................tourist
vecchio ....old

Dov'è?   **Where is it?**
al piano terreno.............on the ground floor
al pianterreno................on the ground floor
al primo piano ....upstairs,
                                          on the first floor
al piano inferiore ....downstairs
al piano superiore ....upstairs
dà sul giardino..............overlooks the garden
dà sulla strada...............overlooks the street
da questa parte..............this way
da quella parte ....that way

davanti ....in front of
dietro ....behind
entro..............................between
fra ....between
in....................................in
sopra ....above
sotto.............................under
su ....on

Verbi utili   **Useful verbs**
abitare............................to live, reside
accendere il gas *irreg* ...to turn on the gas
accendere *irreg*.............to light, switch on
acquistare......................to buy
aiutare ....to help
apparecchiare § la tavola .. to set the table
aprire il rubinetto *irreg*.....to turn on the tap
aprire *irreg* ....to open
avere bisogno di *irreg* ..to need
comprare......................to buy
condividere *irreg*..........to share
cucinare ....to cook
fare acquisti *irreg* ....to shop
fare giardinaggio *irreg* .....to garden
fare i lavori di casa *irreg* .. to do housework
fare il bucato *irreg*........to do the washing
fare il letto *irreg* ....to make the bed
fare la spesa *irreg* ....to shop for food

lavare le stoviglie.........to do the washing up
mettere in ordine *irreg*. to tidy up
preparare i pasti............to get meals ready
pulire (isc)....................to clean
riparare ....to repair
sparecchiare § la tavola ... to clear the table
spegnere *irreg* ....to switch off
stirare indumenti ....to iron clothes
strofinare.....................to wipe

accogliere *irreg*............to greet, welcome
ampliare § ....to extend
arredare ....to furnish
bussare (alla porta).......to knock on the door
chiudere *irreg*..............to shut, turn off (tap)
convertire ....to convert
decorare........................to decorate
fare il fai-da-te *irreg* .... to do odd jobs, DIY
innaffiare § ....to water
inserire la presa............to plug in
passare l'aspirapolvere. to vacuum
rovesciare § ....to upset, overturn
suonare (alla porta) ...... to ring (the doorbell)
togliere ....to unplug
tosare l'erba ....to mow the lawn
traslocare § ....to move house

avere fame *irreg*...........to be hungry
avere sete *irreg* ....to be thirsty
bere *irreg* ....to drink
cenare...........................to have dinner (evening)
fare (la prima) colazione *irreg*
.................................to have breakfast
fare la seconda colazione *irreg*
.................................to have lunch
mangiare § ....to eat
pranzare *coll*.................to have lunch

addormentarsi* ....to fall asleep
alzarsi*...........................to get up
andare* a letto *irreg*.....to go to bed
essere* alzato *irreg*......to be up
essere* sveglio *irreg*.... to be awake

lavarsi*	to wash oneself	partire* da	to leave (town)
lavarsi* i denti	to clean one's teeth	uscire da* *irreg*	to go out of
pettinarsi*	to comb one's hair		
rasarsi*	to shave	For **meals** see page 24	
spazzolarsi* i capelli	to brush one's hair	For **food and drink** see page 55	
svegliarsi*	to wake up	For **pets** see page 31	
vestirsi*	to get dressed	For **leisure activities** see page 33	
		For **expressing opinions** see page 40	
arrivare* a	to arrive at	For **colours** see page 29	
entrare* in	to go into	For **times** see page 94	
incontrare	to meet, pick up		

Phrases

Dove abiti? *Where do you live?*

Cosa c'è nella tua camera da letto? *What is there in your bedroom?*

Nella mia camera c'è un letto, un tavolo, un computer e una lampada *In my room there is a bed, a table, a computer and a lamp*

Cosa c'è nel tuo giardino? *What is there in your garden?*

Ho un prato, uno stagno e molti bei fiori *I have a lawn, a pond and many lovely flowers*

Abito al piano terreno *I live on the ground floor*

Mio fratello porta a spasso il cane *My brother takes the dog for a walk*

Aiuti in casa? *Do you help at home?*

Io lavo le stoviglie *I do the washing up*

In visita   Being a guest

l'amico di penna (m)	penfriend
l'amica di penna (f)	penfriend
l'invitato (m)	guest
l'invitata (f)	guest
il padrone di casa	host
la padrona di casa	hostess
la coperta	blanket
il dentifricio	toothpaste
il regalo	present
il sapone	soap
lo shampoo	shampoo
lo spazzolino da denti	toothbrush
la valigia	suitcase
accogliente	welcoming
anziano	aged, elderly
contento	pleased

gentile	kind
gradevole	nice
inglese	English
interessante	interesting
italiano	Italian
maggiore	elder, oldest
minore	younger, youngest
servizievole	helpful
simpatico	nice
timido	shy

For **nationalities** see page 31 and page 91

Verbi utili   Useful verbs

accogliere *irreg*	to welcome
arrivare*	to arrive
avere bisogno di *irreg*	to need
dare una mano a *irreg*	to help
dimenticare §	to forget

entrare*	to come in	prendere in prestito *irreg* .	to borrow
mangiare §	to eat	prestare	to lend
offrire a *irreg*	to give (present)	sorridere *irreg*	to smile
parlare inglese	to speak English	trovare	to find
parlare italiano	to speak Italian	trovarsi*	to be situated
partire* (da) *irreg*	to leave (a town)	uscire* *irreg*	to go out
potere *irreg*	to be able to		

Phrases

Ho dimenticato la mia spugnetta *I have forgotten my sponge*

Dov'è la stanza da bagno, per favore? *Where is the bathroom, please?*

Posso telefonare ai mei genitori, per piacere? *May I phone my parents, please?*

Noi ceniamo verso le otto *We have our evening meal at about 8 pm*

Grazie per l'ospitalità *Thank you for your hospitality*

THE MEDIA

Generale — General

il cinema	cinema
la stampa	press
la radio	radio
il teatro	theatre
la televisione	television

Al cinema — At the cinema

l'attore (m)	actor
l'attrice (f)	actress
il cattivo	villain
l'eroe (m)	hero
l'eroina (f)	heroine
il film *inv*	film
il personaggio	character
il programma	programme
il, la regista	director
i sottotitoli	subtitles
lo spettacolo	(film) showing
lo spettacolo pomeridiano	matinée
la stella del cinema	filmstar

la trama	plot

Cosa danno? — What's on?

il film *inv* comico	comedy film
il film d'amore	love film
il film d'avventura	adventure film
il film d'animazione	cartoon
il film dell'orrore	horror film
il film di fantascienza	science fiction film
il film di guerra	war film
il film di spionaggio	spy film
il film giallo	thriller
il film poliziesco	detective film
il film western	Western

La stampa — The press

gli annunci	small ads
l'articolo (m)	article
l'edicola (f)	news stand
il fumetto	comic strip
il giornalaio	newsagent
il giornale (quotidiano)	newspaper
il lettore	reader

la lettrice...................... reader
la lettura .... reading
la meteorologia............ weather report
il negozio di giornali .... newsagent
la pagina sportiva .... sports page
le parole incrociate .... crossword
il periodico femminile.. women's magazine
il quotidiano .... daily paper
il rapporto.................... report
la rivista...................... magazine
la rivista illustrata......... glossy magazine
la rivista d'attualità ...... news magazine
la rivista d'avventura.... adventure magazine
la rivista di moda.......... fashion magazine
il settimanale .... weekly paper, magazine
i titoli .... headlines

Alla radio   On the radio
Alla televisione   On TV

le risate registrate .... canned laughter
l'antenna parabolica (f) ... satellite dish
l'attore comico (m) ...... comedian
l'attrice comica (f)........ comedienne
il canale .... channel
il, la cantante .... singer
la commedia teatrale .... play
il documentario .... documentary
il gruppo .... group
il notiziario radio.......... radio news
le previsioni del tempo. ... weather forecast
il programma a quiz ..... quiz
il programma di attualità.. current affairs
                                     programme
il programma di varietà ... variety programme
la pubblicità................. adverts
lo sceneggiato.............. serial, "soap"
la serie poliziesca .... detective, police
                                     series
il talk-show.................. talk show
il telecomando............. remote control, zapper
il telegiornale .... TV news
la televisione via cavo.. cable TV

la trasmissione............. broadcast
la trasmissione sportiva ... sports broadcast
il videoregistratore a cassetta ... VCR
digitale......................... digital

La musica   Music

il, la cantante .... singer
il CD........................... CD
il DVD......................... DVD
l'impianto stereo (m).... stereo system
l'ipod® (m) .... iPod®
il jazz........................... jazz
il lettore CD................. CD player
il lettore DVD.............. DVD player
la musica classica .... classical music
la musica pop .... pop music
il rap .... rap
il registratore a cassette ... cassette recorder
il rock .... rock

Il teatro   The theatre

il balletto .... ballet
la commedia .... comedy
la compagnia teatrale.... theatre company
il dramma .... drama
il lavoro teatrale............ play
l'opera (f) .... opera
il pubblico .... audience
la rappresentazione....... performance
la tragedia.................... tragedy
la trama........................ plot

Quando l'hai visto/sentito?
When did you see/hear it?

oggi.............................. today
questa mattina .... this morning
ieri .... yesterday
l'altro ieri..................... the day before yesterday
tre giorni fa.................. three days ago
durante il fine settimana ... at the weekend
la settimana scorsa........ last week
un mese fa .... a month ago
nel pomeriggio .... (in the) afternoon

la mattina......................(in the) morning
la sera ....(in the) evening

Dove l'hai visto /sentito?
        Where did you see/hear it?
al centro giovanile........at the youth club
al cinema ....at the cinema
al concerto ....at a concert
alla radio......................on the radio
a teatro.........................at the theatre
alla televisione..............on television

su cassetta.....................on cassette, on tape
su CD...........................on CD
su DVD........................on DVD
su video ....on video

Com'è?   **What is it like?**
bello *irreg*.....................nice
bene ....well
brutto ....ugly
buffo ....funny
buono *irreg*...................good
cattivo...........................bad
celebre ....famous
classico ....classical
comico..........................funny
con sottotitoli...............sub-titled
corto.............................short
divertente.....................amusing, funny
doppiato.......................dubbed
eccellente.....................excellent
emozionante ....exciting
fantastico ....very good, super
formidabile ....super
giovane ....young
ignobile........................lousy
impressionante..............impressive
incapace.......................useless
insopportabile..............unbearable
interessante..................interesting
lungo............................long
(niente) male................(not) bad

il massimo *coll* ....super
mensile ....monthly
noioso ....boring
normalmente.................usually
penoso *coll*...................unpleasant, painful
pop *inv*.........................pop
preferito ....favourite
quotidiano....................daily
il più recente................latest
ridicolo ....ridiculous
sensazionale.................sensational
serio ....serious
settimanale...................weekly
straordinario ....extraordinary, special
terribile ....awful
tragico..........................tragic
ultimo ....last
in versione italiana ....in the Italian version
con colonna sonora originale
               .... with the original soundtrack

Verbi utili   **Useful verbs**
accendere *irreg*............to switch on
andare* a vedere *irreg*..to go and see
apprezzare....................to appreciate
ascoltare.......................to listen (to)
avere orrore di *irreg* ....to hate
cambiare § canale continuamente
              ....to channel-hop
cantare ....to sing
chiudere *irreg* ....to shut
cominciare § ....to begin
detestare.......................to hate
disprezzare...................to despise
divertirsi* ....to have a good time
durare*.........................to last
finire (isc) ....to end
guardare.......................to watch
interessarsi * di............to be interested in
leggere *irreg* ....to read
odiare § ....to hate
paragonare ....to compare
pensare.........................to think

piacere *irreg* .... to like
piacere molto *irreg* .... to like a lot
potere *irreg* .... to be able to, can

preferire (isc) .... to prefer
recitare .... to act
registrare .... to record
ridere *irreg* .... to laugh
scegliere *irreg* .... to choose
sentire .... to hear
spegnere *irreg* .... to switch off

suonare .... to play (music)
telefonare .... to phone
si tratta di * .... it is about
trovare .... to find
vedere *irreg* .... to see

For **expressing opinions**
 see pages 40, 42
For **days of the week** see page 95
For **buying tickets** see page 36
For **advertising** see page 77

Phrases

Andiamo al cinema? *Shall we go to the cinema?*

Che film danno? *What's on?*

Mi piacciono i film comici *I like comic films*

Mi piace ascoltare la musica *I like listening to music*

Mi interesso di jazz *I'm interested in jazz*

Ho una collezione di CD *I have a collection of CDs*

Cosa ne pensi? *What did you think of it?*

Non posso soffrire le risate registrate *I hate canned laughter*

È uscito in video? *Is it out on video?*

Dove l'hai visto? *Where did you see it?*

Dove l'hai sentito? *Where did you hear it?*

HEALTH AND FITNESS

Le parti del corpo
Parts of the body

l'anca (f) .... hip
l'arto (m) .... limb
la bocca .... mouth
le braccia (fpl) .... arms
il braccio .... arm
i capelli (mpl) .... hair
il capo .... head

la caviglia .... ankle
il cervello .... brain
il collo .... neck
la coscia .... thigh
la costola .... rib
il cuore .... heart
il dente .... tooth
il dito .... finger
le dita (fpl) .... fingers
il dito del piede .... toe

il fegato....................liver	la vita ....waist
la fronte ....forehead	la voce....................voice
la gamba ....leg	
le gengive ....gums	**La gente** **People**
il ginocchio.................knee	l'assistente (m, f) sociale ....social worker
le ginocchia (fpl) ....knees	il barelliere.................stretcher bearer
la gola ....throat	il, la dentista...............dentist
il gomito ....elbow	il dottore....................doctor
la guancia ....cheek	la dottoressa ....doctor
il labbro ....lip	il, la farmacista............chemist
le labbra (fpl)..............lips	il, la fisioterapista........physiotherapist
la lingua....................tongue	l'infermiera (f) ....nurse
la mano ....hand	l'infermiere (m) ....nurse
il mento ....chin	il medico ....doctor
il muscolo...................muscle	l'ottico (m, f)...............optician
il naso ....nose	il, la paziente..............patient
la nuca ....nape of neck	lo, la psichiatra............psychiatrist
l'occhio (m)................eye	lo psicologo................psychologist
gli occhi....................eyes	
l'orecchio (m)..............ear	**I problemi di salute**
le orecchie (fpl) ....ears	**Health problems**
l'osso (m) ....bone	la diarrea ....diarrhoea
le ossa (fpl).................bones	la febbre ....fever, high temperature
la pancia ....tummy	la febbre del fieno ....hay fever
la pelle ....skin	il gonfiore...................swelling
il petto ....chest, bust	l'indigestione (f) ....indigestion
il piede ....foot	l'influenza (f)..............flu
il pollice....................thumb	l'insolazione (f)...........sunstroke
i polmoni ....lungs	il mal di mare..............sea-sickness
il polso.....................wrist	il mal di testa...............headache
il rene......................kidney	le mestruazioni (fpl).....period
le reni (fpl)..................back, loins	il morbillo ....measles
il sangue ....blood	la morsicatura..............bite
la schiena...................back	gli orecchioni ....mumps
il seno ....breasts	la puntura (d'insetto)....(insect) sting, bite
la spalla....................shoulder	il raffreddore ....cold
lo stomaco ....stomach	la rosolìa....................German measles
la testa.....................head	la storta.....................sprain
i tratti ....features	la tonsillite ....tonsillitis
l'unghia (f) ....finger nail	la tosse ....cough
il ventre....................stomach	la varicella..................chicken pox
il viso......................face	

Dal dottore e dal dentista
At the doctor's and at the dentist's

l'ambulanza (f) .... ambulance
l'ambulatorio (m) .... surgery (NHS)
l'appuntamento (m) ...... appointment
l'assicurazione (f) .... insurance
il certificato medico ..... doctor's certificate
la clinica .... clinic (private)
la cura .... treatment
il dolore .... pain
l'estrazione (f) .... tooth extraction
il gesso .... plaster (broken bones)
l'iniezione (f) .... injection
la malattia .... illness
la medicina .... medicine
gli occhiali .... pair of glasses
l'operazione (f) .... operation
l'otturazione (f) .... filling (tooth)
i primi soccorsi .... first aid
il problema .... problem
il Pronto Soccorso .... Accident & Emergency Unit
la radiografia .... X-ray
la ricetta .... prescription
il rimedio .... remedy
le spese .... expenses, cost
lo studio medico .... surgery (private)
la volta .... occasion, time

In farmacia   At the chemist's

gli antibiotici .... antibiotics
l'aspirina (f) .... aspirin
gli assorbenti .... sanitary towels
la benda .... dressing
il cerotto .... sticking plaster
la compressa .... tablet
il cotone idrofilo .... cotton wool
la crema (antisettica) .... (antiseptic) cream
il cucchiaio .... spoon, spoonful
il dentifricio .... toothpaste
il fazzolettino di carta ... tissue
la pastiglia .... tablet, throat sweet

il sapone .... soap
lo sciroppo .... (liquid) medicine; cough mixture
la scottatura solare .... sunburn
la supposta .... suppository
il tampone .... tampon
la temperatura .... temperature
il tubo .... tube

Verbi utili   Useful verbs

andare* a letto *irreg* ..... to go to bed
andare* a vedere *irreg* . to go and see
attendere *irreg* .... to wait (for)
avere caldo *irreg* .... to be hot
avere freddo *irreg* .... to be cold
avere la febbre *irreg* .... to have a raised temperature
avere la nausea *irreg* .... to feel sick
avere mal d'orecchi *irreg* .to have earache
avere mal di denti *irreg* ....to have toothache
avere mal di gola *irreg*. ....to have a sore throat
avere mal di pancia *irreg* ..to have stomach-ache
avere mal di schiena *irreg* to have backache
avere mal di stomaco *irreg*
.... to have stomach-ache
avere mal di testa *irreg* ....to have a headache
avere paura *irreg* .... to be afraid
avere un raffreddore *irreg* ...... to have a cold
avere sonno *irreg* .... to be sleepy
cadere* .... to fall
chiamare .... to call
consigliare § .... to advise
diventare* *irreg* .... to become
dormire *irreg* .... to sleep
essere* esausto *irreg* .... to be exhausted
essere* preoccupato *irreg* ...... to be worried
essere* ricoverato in ospedale *irreg*
.... to be admitted to hospital
fare le proprie scuse *irreg* ..... to apologise
guarire (isc) .... to recover
informare .... to inform
mordere *irreg* .... to bite
morsicare § .... to bite

pagare § ....to pay (for)
prendere la temperatura *irreg*
..................................to take s.o's temperature
prendere un appuntamento *irreg*
..................................to make an appointment
pungere *irreg*................to sting
rabbrividire (isc)...........to shiver
riempire ....to fill
rilassarsi*......................to relax
sanguinare ....to bleed
sentirsi* bene *irreg*......to feel well
sentirsi* male *irreg* ......to feel ill
stare* a letto *irreg* ....to stay in bed
starnutire (isc)..............to sneeze
sudare ....to sweat
tossire (isc) ....to cough
uccidere *irreg* ....to kill
vomitare........................to vomit

Una vita sana   A healthy lifestyle

l'aerobica (f)................aerobics
l'agricoltura biologica (f) ...... organic farming
gli alimenti naturali ......organic foods
l'allenamento quotidiano (m)... daily work-out
le buone abitudini alimentari
..................................good eating habits
il cibo............................food
i dolciumi ....sweet things
la forma ....fitness
la frutta ....fruit
i latticini ....dairy products
le materie grasse ....fats, fat content
il rilassamento ....relaxation
il sonno.........................sleep
le verdure.....................vegetables
le vitamine...................vitamins

pulito ....clean
in buona salute..............in good health
sano ....healthy

l'AIDS (m) ....Aids
l'alcool (m)...................alcohol

l'alcoolismo (m)...........alcoholism
le anfetamine...............amphetamines
l'anoressia (f)...............anorexia
la bulimia ....bulimia
la droga ....drug
l'eroina (f)....................heroin
il fertilizzante chimico. chemical fertiliser
il fumatore...................smoker
il grasso.......................fat
l'ipertensione (f) ....high blood pressure
l'overdose (f) ....overdose
la ristorazione rapida.... fast food industry
lo stress ....stress
il tabacco.....................tobacco
il tossico (dipendente)..junkie
il tossicomane ....drug addict
l'ubriachezza (f)...........drunkenness (habitual)
sniffare la colla *coll* ..... glue sniffing

Cosa c'è che non va?
What's the matter?

affaticato ....tired
allergico a....................allergic to
anoressico ....anorexic
asmatico ....asthmatic
bagnato........................wet
caldo............................hot
certo ....certain, sure
debole..........................weak
diabetico......................diabetic
disabile........................disabled
freddo...........................cold
gonfio...........................swollen
grasso ....fat, fatty
malato ill
raffreddato...................having a cold
in cattiva salute ....in poor health
sicuro...........................certain
sofferente ....unwell
sorprendente................surprising
sporco..........................dirty
sudato..........................sweaty

ubriaco.........................drunk
urgente........................urgent
vegetariano..................vegetarian
vegetariano integrale ....vegan
vero ....true

Verbi utili   **Useful verbs**
allenarsi*.....................to train
alzarsi*........................to get up
arrabbiarsi*..................to get angry
dimagrire (isc).............to lose weight
drogarsi*§...................to take drugs
essere* in piena forma *irreg*...to be very fit
evitare.........................to avoid
fare attenzione *irreg*.....to pay attention
fumare ....to smoke
guardare.......................to watch, look
ingrassare ....to put on weight
lavarsi*........................to wash
mangiare §...................to eat
mettersi a dieta* *irreg*..to go on a diet
protestare.....................to protest
provare la droga ....to try drugs
rallentare ....to slow down
riposarsi*.....................to rest
rispettare......................to have respect for

È grave?   **Is it serious?**

ansioso..........................anxious
esausto..........................exhausted
falso..............................false
ferito............................injured
gravemente ferito ....seriously injured

grave ....serious
lentamente...................slowly
morto...........................dead
privo di sensi...............unconscious
sbagliato......................wrong
molto spiacente...........very sorry
in stato di shock...........in shock

Verbi utili   **Useful verbs**

affrettarsi*...................to hurry
aiutare ....to help
cadere* *irreg*...............to fall
correre *irreg*.................to run
dichiarare ....to declare
farsi* male *irreg*.........to hurt oneself
ferirsi*(isc) ....to get injured
fermarsi*......................to stop
gridare.........................to shout
piangere *irreg* ....to cry (weep)
posare..........................to put down, place
prendere una storta alla caviglia *irreg*
.... to sprain one's ankle
rompersi* un braccio ... to break one's arm
smettere (di) *irreg*........ to stop doing sth
sorpassare .... to overtake
tagliarsi* un dito .... to cut one's finger
uccidere *irreg*.............. to kill
ustionarsi*................... to burn
ustionarsi* la mano...... to burn one's hand

For **sport** see page 35
For **food and drink** see pages 55, 24

Phrases

Cosa c'è che non va? *What is the matter?* Mi sono rotta la gamba *I've broken my leg*

Ho la febbre alta *I've got a high temperature* Ho caldo/freddo *I'm hot/cold*

È stato morsicato da una zanzara *A mosquito has stung him*

È solo un malessere *I'm just a bit under the weather*

Non sto bene *I feel unwell*   Ho la nausea *I feel sick*

Lei ha qualcosa contro la tosse? *Have you anything for a cough?*

EATING AND DRINKING

I pasti	**Meals**
la cena..........................dinner, evening meal
il cibo............................food
la (prima) colazione......breakfast
la merendina................afternoon tea, snack
il pasto del mezzogiorno ..lunch, midday meal
il pasto della sera..........evening meal
i piatti da asporto..........take-away meals
il picnic *inv*...................picnic
la seconda colazione.....lunch, mid-day meal
lo spuntino....................snack

Dove vai a mangiare?
Where are you going to eat?

il bar ....bar
la birreria......................pub
il caffè............................café
la pizzeria ....pizzeria
il ristorante ....restaurant
il self-service ....self-service restaurant
la tavola calda...............fast food restaurant
la trattoria ....bistro

Al ristorante   **In a restaurant**

Le persone	**People**
la cameriera ....waitress
il cameriere...................waiter
il capocuoco ....chef
la cassiera ....till operator
il cassiere......................till operator
il, la cliente...................customer
la persona ....person
il proprietario...............owner

Generale   **General**

l'aroma (m)....................smell
il conto...........................bill
il coperto........................cover charge
la cucina cinese ....Chinese food
la cucina indiana...........Indian food

la cucina italiana ....Italian food
il gabinetto ....toilet
il gusto ....taste, flavour
la mancia......................tip (money)
il menù del giorno........menu of the day
il menù fisso.................set price menu
il piatto (regionale) tradizionale
................................(local) speciality
la prenotazione.............booking
la ricetta ....recipe
la ricevuta fiscale ....official receipt
la scelta ....choice
la sedia ....chair
il servizio ....service charge
il tavolo.........................table
il telefono ....telephone
il vassoio ....tray

(non) compreso ....(not) included
in sala............................inside
fuori..............................outside
in terrazza.....................on the terrace

Il menù   **Menu**

l'antipasto (m)..............starter
il primo (piatto)............first course
il piatto del giorno........the day's "special"
il secondo (piatto) ....main course
il pesce ....fish
il formaggio ....cheese
il dolce ....dessert

Gli antipasti	**Starters**
Il primo piatto	**First course**
gli affettati...................mixed cold meats
gli agnolotti.................ravioli
il brodo........................consommé
i gnocchi......................gnocchi
l'insalata (f) di mare.....shellfish salad
l'insalata (f) di pomodoro ...tomato salad
le lasagne (fpl) ....lasagne
la minestra..................soup

la minestra di verdure... vegetable soup
il piatto tipico .... typical dish
la pizza (al forno di legna) ... pizza
il prosciutto con melone .... ham with melon
il risotto alla milanese .. Milanese-style rice
la salsiccia .... salami sausage
la verdura cruda........... raw vegetables

Il secondo   **Main course**
l'agnello alla romana (m) ..... lamb Roman-style
la bistecca ai ferri .... grilled steak
la bistecca e le patatine fritte..... steak and chips
la cotoletta di maiale .... pork chop
l'insalata mista (f) .... mixed salad
i legumi a scelta .... choice of vegetables
il pesce alla griglia .... grilled fish
il pesce spada .... swordfish
il piatto vegetariano...... vegetarian dish
il pollo alla cacciatora .. chicken hunter-style
il rombo alla griglia...... grilled trout
le salsicce di maiale .... pork sausages
le scaloppine di vitello . veal escalopes

Il dolce   **Dessert**
il gelato al cioccolato ... chocolate ice cream
il gelato alla fragola...... strawberry ice cream
il gelato artigianale....... home made ice cream
la macedonia di frutta... fruit salad
la panna montata .... whipped cream
i pasticcini .... cakes, pastries
la scelta di formaggi ..... cheese selection
il tiramisù .... tiramisù
la torta di frutta............ fruit tart
la torta di mele .... apple tart
la torta gelata................ ice-cream tart
lo yogurt .... yoghurt

Sulla tavola   **On the table**
il bicchiere................... glass
la bottiglia .... bottle; jug
la caffettiera................. coffee pot
la caraffa...................... carafe (water, wine)
il coltello .... knife

il cucchiaio.................. spoon
il cucchiaino................ teaspoon
la forchetta .... fork
l'insalatiera (f) .... salad bowl
il pepe .... pepper (spice)
il piattino.................... saucer
il piatto....................... plate
il sale.......................... salt
la tazza........................ cup
la tovaglia .... tablecloth
il tovagliolo................. napkin, serviette

Al caffè   **At the café**
Le bevande   **Drinks**
l'acqua minerale (frizzante) (f)
.... (sparkling) mineral water
l'aperitivo (m).............. pre-meal drink, aperitif
l'aranciata (f) .... orange juice
la birra........................ beer
il caffè espresso .... coffee (strong black)
il caffelatte .... white coffee
la cioccolata calda........ hot chocolate
la Coca-Cola® .... Coca-Cola®
il cubetto di ghiaccio ... ice cube
la limonata .... lemonade
il sidro........................ cider
la spremuta di frutta..... freshly-squeezed fruit juice
la spremuta di limone .. fresh lemon juice
il succo di frutta........... fruit juice
il tè .... tea
il vino bianco .... white wine
il vino rosso .... red wine

Uno spuntino   **A snack**
le chips....................... crisps
la ciambella zuccherata ....doughnut
la frittella .... pancake
il gelato .... ice cream
l'hamburger (m).......... hamburger
il panino al fromaggio.. cheese sandwich
il panino al tonno .... tuna sandwich
la pasta .... sweet bun, pastry

le patatine fritte ....chips
un sacchetto di patatine. ... cone of chips
il tost............................toasted sandwich
il tost alla Valdostana ...toasted sandwich with cheeese and ham
il tramezzino................sandwich

Esclamazioni **Exclamations**
Alla salute! ....Cheers!
Basta, grazie! ....That is enough, thanks
Buon appetito! ....Enjoy your meal!
No, grazie! ....No, thank you!
Per favore ....Please

Verbi utili **Useful verbs**
accontentare.................to please
andare* matto per *irreg* ... to love
assaggiare § ....to try
avere fame *irreg* ....to be hungry
avere sete *irreg*............to be thirsty
avere voglia di *irreg* .....to feel like
bere *irreg*....................to drink
cenare ....to have evening meal
costare* ....to cost
desiderare ....to want
detestare......................to hate

fare colazione *irreg*...... to have breakfast
lamentarsi*..................to complain
mangiare § ....to eat
offrire *irreg*.................to offer
ordinare ....to order
passare*......................to pass
portare ....to bring
pranzare......................to have lunch
preferire (isc)...............to prefer
prendere *irreg* ....to take, to have
prenotare ....to reserve
raccomandare...............to recommend
scegliere *irreg* ....to choose
servire ....to serve
volere *irreg* ....to wish, want

For **festivals** see page 45
For **recipe words** see page 58
For **national and special foods** see page 83
For **lists of general foodstuffs, meat, vegetables, fruit and fish** see page 55
For **money and prices** see pages 79, 59
For **weights and measures** see page 58

Phrases

Ho fame *I'm hungry*

Ho sete *I'm thirsty*

Ha un tavolo per due persone? *Have you a table for two?*

Ho prenotato un tavolo a nome di Smith *I've booked a table in the name of Smith*

Il menù, per favore *May I have the menu, please?*

Mi può spiegare che cosa vuole dire "alla romana"? *Please can you explain what "alla romana" means?*

Vorrei ordinare *I would like to order*

Prendo il menù da trenta euro *I'll have the thirty euro menu*

Come antipasto prendo i pomodori ripieni *For starter, I'll have stuffed tomatoes*

Come secondo prendo il pesce spada alla griglia *For main course I'll have grilled swordfish*

Per dolce prendo una macedonia *For dessert, I'll have a fruit salad*

Non mi piacciono i fagiolini *I don't like French beans*

Mi porti ancora un po' di pane, per favore *May we have more bread, please?*

Mi può cambiare questo bicchiere, per favore? *Will you change this glass, please?*

Manca una forchetta *We need another fork*
Il conto, per favore *May I have the bill, please?*
Il servizio è compreso? *Is service included?*
Dov'è il gabinetto, per favore? *Where is the toilet, please?*
Si può telefonare da qui? *May we phone from here?*

SELF, FAMILY AND FRIENDS

Generale — General

L'indirizzo — Address

il C.A.P.	postcode
la città	town
il codice postale	postcode
il domicilio	place of residence
l'indirizzo (m)	address
il numero di fax	fax number
il numero di telefono	phone number
la provincia	province
la via	street

L'identità — Identity

l'altezza (f)	height, size
la carta d'identità	identity card
il cognome	surname
la data di nascita	date of birth
il documento d'identità	proof of identity
il luogo di nascita	place of birth
il nome	name
il nome (di battesimo)	first name
il nome da ragazza	maiden name
il passaporto	passport
Signorina	Miss
Signor(e)	Mr
Signora	Mrs, Ms
il soprannome	nickname

L'età — Age

l'annata (f)	year
l'anno (m)	year
il compleanno	birthday
la data	date
la firma	signature
il mese	month
la nascita	birth
la vecchiaia	old age
la vita	life

For **days of week** see page 95
For **months of year** see page 95
For **numbers** see page 93

La famiglia e gli amici — Family and friends

La famiglia nucleare — Close family

il babbo	daddy
la figlia	daughter
la figliastra	stepdaughter
il figliastro	stepson
il figlio	son
il fratellastro	half brother
il fratello	brother
i genitori	parents
la madre	mother
la mamma	mummy, mum
il marito	husband
la matrigna	stepmother
la moglie	wife
il padre	father
il papà	daddy
il patrigno	stepfather

la sorella .... sister
la sorellastra .... half sister

Altri parenti   **Other relatives**
la cognata .... sister-in-law
il cognato .... brother-in-law
la cugina .... female cousin
il cugino...................... male cousin
la fidanzata .... fiancée
il fidanzato................... fiancé
il genero...................... son-in-law
la madrina.................... godmother
il nipote .... nephew; grandson
la nipote..................... niece; granddaughter
i nipoti .... grandchildren
la nonna .... grandmother
i nonni .... grandparents
la nonnina................... granny, grandma
il nonnino .... grandad, grandpa
il nonno .... grandfather
la nuora...................... daughter-in-law
il padrino .... godfather
la suocera.................... mother-in-law
lo suocero .... father-in-law
la zia .... aunt
lo zio......................... uncle

Amici   **Friends**
l'amica (f).................... friend (girl)
l'amica di penna (f) ...... penfriend
l'amichetta (f).............. girlfriend
l'amichetto (m)............ boyfriend
l'amico (m).................. friend (boy)
l'amico di penna (m) .... penfriend
il compagno................ friend
la ragazza.................... girlfriend
il ragazzo .... boyfriend
il vicino (di casa).......... neighbour

l'adolescente (m, f)....... teenager
l'adulto (m).................. adult
la bambina .... child
il bambino .... child

il celibe....................... single man
la divorziata .... divorced woman
il divorziato................. divorced man
la donna...................... woman
le gemelle................... twins (girls)
i gemelli .... twins (boys, mixed)
la gente....................... people
la giovane generazione. the younger generation
il neonato .... baby
la nubile .... single woman
le persone della terza età.. senior citizens
la ragazza .... girl
il ragazzo.................... boy
lo scapolo .... single man
la signora.................... lady
il signore .... gentleman
gli sposini................... newly-weds
lo straniero .... foreigner, stranger
la straniera.................. foreigner, stranger
l'uomo (m)................. man
la vecchia generazione. the older generation
la vedova.................... widow
il vedovo .... widower

Aggettivi   **Adjectives**
adottato .... adopted
anziano....................... aged, elderly, old
celibe......................... single
divorziato .... divorced
familiare..................... of the family
fidanzato .... engaged
in affidamento............. fostered
maggiore .... elder, eldest
minore........................ younger, youngest
orfano........................ orphaned
separato .... separated
sposato .... married
vedovo....................... widowed

anglicano.................... anglican
ateo........................... atheist
cattolico..................... Catholic
cristiano..................... Christian

28

ebreo............................Jewish	
indù ....Hindu	
mussulmano ....Muslim	
protestante....................Protestant	
sikh...............................Sikh	

Sono alto...   **I am ... tall**
Sono alto 1m e 45 (cm) I am 4ft 9in
Sono alto 1m e 52 .... I am 5 ft
Sono alto 1m e 60 .... I am 5ft 3in
Sono alto 1m e 68 .... I am 5ft 6in
Sono alto 1m e 75 .... I am 5ft 9in
Sono alto 1m e 83 .... I am 6ft

Com'è?   **Appearance**
i baffi (mpl)..................moustache
la barba.........................beard
la carnagione ....complexion
la coda di cavallo ....ponytail
la frangia ....fringe
gli occhiali....................pair of glasses
il peso ....weight
la treccia ....plait

Peso...   **I weigh**
Peso 38 chili .... I weigh 6 stone
Peso 45 chili .... I weigh 7 stone
Peso 51 chili .... I weigh 8 stone
Peso 57 chili .... I weigh 9 stone
Peso 64 chili .... I weigh 10 stone
Peso 70 chili .... I weigh 11 stone

For **parts of body** see page 19

I colori   **Colours**
arancione *inv*............... orange
azzurro .... light blue
bianco .... white
blu *inv* .... blue
blu marino *inv*.............. navy blue
blu scuro *inv* .... dark blue
castano .... chestnut
cremisi *inv* .... crimson
giallo .... yellow
grigio........................... grey
lilla *inv* .... lilac
marrone....................... brown
marrone chiaro *inv*....... light brown
nero .... black
rosa *inv*........................ pink
rosso............................ red
verde .... green
viola *inv* .... purple

Aggettivi   **Adjectives**
abbronzato....................tanned
alto...............................big, tall
basso.............................short
bello *irreg*....................good-looking
biondo ....blonde
brutto ....ugly
carino...........................pretty
di altezza media............of average height
di razza bianca..............white
di razza nera ....black
forte ....strong
giovane ....young
grasso ....fat
liscio............................straight (hair)
lungo ....long
magro ....thin
pallido ....pale
piccolo..........................small
riccio ....curly
robusto.........................sturdy
rosso ....red (hair)
snello............................slim
tarchiato.......................stocky
vecchio ....old

Il carattere   **Character**
l'amicizia (f) .... friendship
l'amore (m)................. love
l'arroganza (f)............. arrogance
la bontà .... kindness, goodness
la confidenza............... confidence
la dolcezza .... gentleness

l'egoismo (m)	selfishness
il fascino	charm
la gelosia	jealousy
la generosità	generosity
la gentilezza	kindness
l'immaginazione (f)	imagination
l'intelligenza (f)	intelligence
l'orgoglio (m)	pride
la pigrizia	laziness
la preoccupazione	care, worry
lo scherzo	joke
il senso dell'umorismo	sense of humour
il sentimento	feeling
la sicurezza di sè	self-confidence
la speranza	hope

Aggettivi	**Adjectives**
arrabbiato	angry, furious
attivo	active
calmo	calm
cattivo	nasty
cattivello	naughty
contento	pleased
cortese	polite
divertente	amusing
felice	happy
forte *coll*	great!
gentile	kind
grande *irreg*	great
importante	important
infelice	unhappy, unfortunate
intelligente	intelligent
maleducato	ill-mannered
piacevole	pleasant
povero	poor
serio	serious
simpatico	friendly, nice
sportivo	sporty, athletic
timido	shy
tranquillo	quiet

abile	clever, skilful
attraente	charming
allegro	cheerful
ansioso	anxious
buffo	funny
in collera	angry
fiero (di)	proud (of)
geloso	jealous
lavoratore	hard-working
matto	mad
nervoso	nervous
onesto	honest
pigro	lazy, idle
scemo *coll*	idiotic
scortese	impolite
sgradevole	unpleasant
strano	odd, strange
stupido	stupid
triste	sad
viziato	spoiled

astuto	wily, cunning
beneducato	well-mannered
carino	cute
deluso	disappointed
depresso	depressed
disgustoso	disgusting
distratto	absent-minded
divertente	funny
dotato	gifted
egoista	selfish
innamorato (di)	in love (with)
insopportabile	unbearable
maldestro	clumsy
parsimonioso	thrifty, careful with money
scontroso	sullen
spaventato	frightened
stordito	scatter-brained
testardo	obstinate

La nazionalità   Nationality

britannico .... British
europeo .... European
gallese .... Welsh
indiano.......................... Indian
inglese .... English
irlandese .... Irish
originario delle Indie Occidentali
.... West Indian
pakistanese .... Pakistani
scozzese........................ Scottish

For **other nationalities** see page 91

Gli animali domestici   Pets

l'animale (m)................ animal
il canarino.................... budgerigar
il cane .... dog
il cavallo...................... horse
il coniglio .... rabbit
il criceto .... hamster
il cucciolo.................... puppy
il gatto .... cat
il gerbillo..................... gerbil
il micino .... kitten
il pappagallo................ parrot
il pesce rosso .... goldfish
il porcellino d'India...... guinea pig
la tartaruga................... tortoise
il topo .... mouse
l'uccello (m)................ bird

Com'è?   What it it like?

capriccioso .... skittish (horse)
disobbediente .... disobedient
giocherellone............... playful (puppy, kitten)
giovane .... young
grosso .... big
obbediente .... obedient
piccolo......................... small
vecchio .... old

For **colours** see page 29

Verbi utili   Useful verbs

abitare .... to live (at)
amare .... to like, love
apparire *irreg* .... to appear
assomigliare § (a)........ to look like
avere l'aria *irreg* .... to seem
avere paura (di) *irreg*... to be afraid
baciare § .... to kiss
chiacchierare................ to chatter
chiamare .... to call, to name
chiamarsi*................... to be called
dare un bacio (a) *irreg* . to kiss
descrivere *irreg*............ to describe
essere* *irreg* .... to be
essere* di buon umore *irreg*
.... to be in a good mood
essere* di cattivo umore *irreg*
.... to be in a bad mood
fare la conoscenza (di) *irreg*
.... to get to know s.o.
fidanzarsi* .... to get engaged
firmare .... to sign
indossare .... to wear
litigare § .... to fall out, to quarrel
nascere* *irreg* .... to be born
pesare........................... to weigh
riconoscere *irreg*.......... to recognise
ringraziare § .... to thank
scrivere *irreg* .... to write
sembrare .... to seem
scomporre *irreg* .... to spell
sposare .... to marry
sposarsi* .... to get married
trovare......................... to find

For **festivals** see page 45
For **jobs** see page 73
For **pocket money** see page 39
For **Saturday jobs** see page 33
For **leisure activities** see page 33

Phrases

Mi chiamo David. Ho sedici annni. Abito a Londra *My name is David. I am 16. I live in London*

Il mio compleanno è il 19 maggio *My birthday is May 19th*

Sono nato/nata nel millenovecentonovanta *I was born in 1990*

Sono di Edimburgo *I come from Edinburgh*

Sono nato/nata a York *I was born in York*

Sono gallese/inglese/irlandese/scozzese *I am Welsh/English/Irish/Scottish*

Sono bruno e ho gli occhi marroni *I have dark hair and brown eyes*

Ha una barba grigia *He has a grey beard*

Ho un fratello e due sorelle *I have one brother and two sisters*

Davide è più vecchio di Sue *David is older than Sue*

Mio padre è costruttore; mia madre è infermiera *My father is a builder; my mother is a nurse*

I miei genitori sono divorziati *My parents are divorced*

Vado d'accordo con mio fratello *I get on well with my brother*

Mia sorella è molto sportiva *My sister is very keen on sport*

Ho un cane; è grosso e marrone *I have a dog; he is big and brown*

LEISURE

Generale — General

l'abbonamento (m)....... subscription, season ticket
l'ambiente (m).............. atmosphere
il concorso................... competition
il divertimento............. entertainment
il fine settimana........... weekend
il passatempo............... pastime
la serata .... evening, party
lo spettacolo .... entertainment, show
il tempo libero .... free time
le vacanze.................... holidays

La gente — People

l'adolescente (m, f) ...... teenager
l'arbitro (m)................. referee
l'atleta (m, f) .... athlete
l'attore (m) .... (film, TV) actor
l'attore di prosa (m) ..... actor (theatre)
l'attrice (f) .... (film, TV) actress
l'attrice di prosa (f) ...... actress (theatre)
il campione.................. champion
la campionessa .... champion
il, la cantante .... singer
il giocatore .... player
la giocatrice .... player
la gioventù................... youth, young people
il socio........................ member
la squadra .... team
la stella del cinema....... film star

I lavori del sabato — Saturday jobs

il baby-sitting .... baby sitting
il cassiere.................... cashier
il club di tennis/football ... tennis/football club
la commessa .... sales assistant
il commesso .... sales assistant
il lavoro .... work
la mattina.................... morning

il mercato .... market
il pomeriggio .... afternoon
la sera......................... evening
la stazione di servizio .. filling station
il supermercato .... supermarket

Verbi utili — Useful verbs

consegnare .... to deliver
guadagnare soldi .... to earn money
lavorare .... to work
pulire (isc)................... to clean
vendere .... to sell

Aiutare in casa — Helping at home

apparecchiare § la tavola ..to set the table
badare ai bambini .... to baby sit
curare il giardino.......... to garden
dare *irreg* da mangiare al gatto
.... to feed the cat
fare la spesa *irreg* .... to do the shopping
fare le faccende domestiche *irreg*
.... to do housework
lavare l'automobile (f). to wash the car
lavare le stoviglie......... to wash up
lucidare .... to polish
passare l'aspirapolvere .....to vacuum
portare a spasso il cane ....to walk the dog
pulire (isc)................... to clean
rifare il letto *irreg* .... to make my bed
riordinare la (mia) camera ... to tidy my room
scopare .... to sweep
sparecchiare § la tavola ....to clear the table
spolverare .... to dust
stirare .... to iron
tagliare § l'erba del prato..to mow the lawn

Restare a casa — Staying at home

Cosa si fa? — **What do you do?**
le carte .... cards
la collezione................ collection
la cucina...................... cooking

il cucito........................sewing	la tastiera.....................keyboard
il disegno.....................drawing	il videogioco...............video game
la fotografia.................photography	
il francobollo...............stamp	tecnico.........................technical
il gioco della dama.......draughts	tecnologico..................technological
il gioco di simulazione. ...board game	elettrico.......................electric
la lettura......................reading	elettronico...................electronic
la macchina fotografica ...camera	in rete..........................on line
il manifesto.................poster	aprire *irreg*.................to open
il modellismo...............model-making	battere a macchina.......to type
la musica......................music	caricare §.....................to load
le parole (in)crociate.....crossword	cliccare §.....................to click
la pellicola...................film (photography)	collegarsi*...................to log on
la pittura......................painting	formattare...................to format
la rivista (illustrata)......magazine	immettere i dati...........to key in data
il romanzo...................novel	programmare...............to program
il romanzo di fantascienza....sci-fi story	rivedere.......................to edit
il romanzo giallo.........detective story	salvare.........................to save
gli scacchi (mpl)..........chess	stampare......................to print
	tagliare § e incollare.....to cut and paste
L'informatica ICT	trasferire (isc)..............to download
la banca dati.................data-base	
la cartella.....................folder	**La musica Music**
la chip..........................chip	la batteria ....drum kit
il computer *inv*..............computer	la canzone ....song
il cursore......................cursor	la cassetta....................cassette
il dischetto...................disk	il CD...........................CD
il disco fisso.................hard disk	la chitarra....................guitar
il documento, il file......file	il clarinetto..................clarinet
l'elaborazione del testo (f)word processing	la corale......................choir
il gioco elettronico........computer game	il disco di successo.......hit
il lettore di dischetto.....disk drive	il flauto.......................flute
il menù.........................menu	il flauto dolce..............recorder
il messaggio elettronico ...email	il gruppo......................group
il monitore..................monitor	l'orchestra (f)..............orchestra, band
il mouse.......................mouse	il piano........................piano
il portatile....................laptop	lo stereo personale.......personal stereo
la rete, l'Internet..........internet	lo strumento................instrument
lo schermo...................screen	la tastiera elettronica....keyboard
il sito web....................website	la trombetta.................trumpet
il software....................software	il trombone..................trombone
la stampante.................printer	il violino......................violin

Dove andate? Where do you go?

l'associazione (f)..........club
l'associazione giovanile (f)..youth club
il ballo ....ball, dance
il bocciodromo ....bowling alley
il campo sportivo..........sports ground
il centro sportivo ....sports centre
il cinema......................cinema
il circo ....circus
il club ....club
il concerto....................concert
la conferenza ....lecture
la discoteca..................disco, night club
l'escursione (f) ....outing
l'esposizione (f) ....exhibition
la festa ....party (celebration)
la galleria.....................gallery
la mostra......................exhibition
la piscina ....swimming pool
la pista di pattinaggio ...ice rink
la riunione ....meeting
la sala ....room, hall
la serata ....evening, party
la società......................society
lo stadio........................stadium
il teatro ....theatre
la visita guidata ....guided tour
lo zoo...........................zoo

Gli sport Sport

Generale General

il campionato...............championship, contest
il campione..................champion
il concorso...................competition
il giocatore ....player
il gioco ....game
il gol ....goal
il pareggio ....draw
la partita ....match
la squadra ....team
il torneo ....tournament

Quale sport ti piace?
Which sport do you like?

le arti marziali..............martial arts
l'atletica (f).................athletics
il basket.......................basketball
il biliardo ....billiards
il bowling....................bowling
il calcio ....football
il ciclismo ....cycling
il cricket......................cricket
l'equitazione (f) ....horse riding
il footing ....jogging
la ginnastica ....gymnastics
il golf ....golf
l'hockey (m) ....hockey
il jogging.....................jogging
il judo..........................judo
il lancio di freccette .....darts
il nuoto........................swimming
la palla a rete...............netball
la pallamano................handball
la pallavolo ....volleyball
il pattinaggio...............ice skating
il pattinaggio a rotelle..roller skating
la pesca ....fishing
il ping-pong ....table tennis
il pugilato....................boxing
il rugby........................rugby
il salto in alto ....high jump
il salto in lungo ....long jump
lo sci............................ski-ing
lo snowboard ....snowboarding
gli sport invernali........winter sports
gli sport nautici ....water sports
la tavola a vela ....sail boarding
il tennis ....tennis
la vela..........................sailing
il volo con il deltaplano ....hang gliding

L'attrezzatura sportiva
Sports equipment
la canna da pesca .... fishing rod
il casco da equitazione . riding hat
il costume da bagno ...... swimsuit
la mazza da cricket .... cricket bat
la mazza da hockey ...... hockey stick
la bicicletta fuoristrada . ... mountain bike
la palla .... ball (small)
il pallone .... football
la racchetta da tennis .... tennis racquet
le scarpe da tennis .... trainers
le scarpe sportive .... trainers
gli sci *inv* .... skis
lo snowboard .... snowboard
la tavola da surf .... surfboard
la tavola da vela .... sailboard

Com'era?   **What was it like?**
altro .... other
appassionante .... exciting
buffo .... funny
buono *irreg* .... good
comico .... funny
discreto .... not bad
divertente .... amusing, fun
formidabile .... great, super
grande *coll irreg* .... great, brilliant
impressionante .... impressive
inetto .... useless
magnifico .... super
meraviglioso .... marvellous
noioso .... boring
orribile .... ugly, horrible
piacevole .... pleasant, nice
proibito .... not allowed
rumoroso .... noisy
sportivo .... sporty, keen on sport
tremendo .... awful

Comprare i biglietti **Buying tickets**
l'adulto (m) .... adult
la bambina .... child

il bambino .... child
il biglietto .... ticket
il gruppo .... group
l'ingresso (m) .... entrance (cost)
il posto .... seat
il prezzo .... cost, price
la riduzione per bambini
.... reduction for children
lo studente .... student
la studentessa .... student
la tariffa .... cost
la tariffa ridotta .... reduced rate
la tariffa studenti .... student rate
il terreno .... ground, pitch

Le ore di apertura   **Opening times**
nei giorni festivi .... on bank holidays
la mattina .... in the morning
fra mezz'ora .... in half an hour
fra un'ora .... in an hour
nel pomeriggio .... in the afternoon
la sera .... in the evening
all' una .... at one o'clock

chiuso .... closed
aperto .... open
a partire da .... from
fino a .... until

Andare in città   Going into town

in autobus .... by bus
in auto(mobile) .... by car
in bicicletta .... on a bicycle
in macchina .... by car
in metropolitana .... on the tube, underground
a piedi .... on foot
in taxi .... by taxi
in tram .... by tram
in treno .... by train

l'andata (f) .... single ticket
l'andata e ritorno .... return ticket
la biglietteria .... ticket office

la biglietteria automatica.....ticket machine
la coincidenza.............. connection
la fermata d'autobus..... bus stop
la linea del bus .... bus route
l'ora di punta (f) .... rush hour
l'orario (m)................... timetable
il percorso del bus .... bus route
la stazione.................... station
la stazione degli autobus .. bus station
la stazione di metropolitana ...tube station
l'ufficio informazioni (m)
.... information office

Aggettivi   **Adjectives**
diretto .... direct, through
obbligatorio .... compulsory
primo .... first
prossimo...................... next
regionale...................... local
secondo .... second
ultimo .... last
valevole .... valid

Quando?   **When?**
fra dieci minuti .... in ten minutes
fra un quarto d'ora........ in a quarter of an hour
fra mezz'ora .... in half an hour
fra tre quarti d'ora .... in three quarters of an
                            hour
fra un'ora..................... in an hour

d'abitudine .... usually
durante il fine settimana... during the weekend
generalmente .... usually
normalmente .... normally, usually
sempre .... still, always
per lungo tempo .... for a long time

For **days of the week** see page 95

Verbi utili   **Useful verbs**
acquistare .... to buy
andare* matto per *irreg coll*...to like a lot
andare* *irreg*............... to go

aprire *irreg*.................. to open
ascoltare .... to listen (to)
ballare .... to dance
chiudere *irreg* .... to close
collezionare................. to collect
cominciare § .... to begin
comprare .... to buy
costare*....................... to cost
durare* .... to last
essere* *irreg* .... to be
fare collezione (di) *irreg*.. to collect
fare nuoto *irreg*........... to swim
fare una passeggiata *irreg*.... to go for a walk
finire (isc) .... to finish
leggere *irreg* .... to read
nuotare .... to swim
pagare §...................... to pay (for)
partire*........................ to leave
restare* .... to stay
rientrare*..................... to come back, go back
rimanere* *irreg*........... to stay
trovare......................... to find
uscire* *irreg*................ to go out

andare* a vedere *irreg* . to go and see
andare* in bicicletta *irreg*...to cycle
andare* in città *irreg* ... to go to town
correre* *irreg*.............. to run
essere* situato *irreg*..... to be situated
fare ciclismo *irreg* .... to cycle
fare fotografie *irreg* ..... to take photos
fare il giro dei negozi *irreg*
.... to go round the shops
fare una camminata *irreg*
.... to hike, go for a long walk
fare una partita di tennis *irreg*
.... to play a game of tennis
fermarsi*...................... to stop
giocare§ a bocce .... to play boules
giocare§ a carte............ to play cards
guardare .... to watch
guardare le vetrine .... to go window shopping
interessarsi* di .... to be interested in

praticare§ uno sport ...... to do a sport

riservare un posto .... to book a seat

ritornare* .... to return, go back

squalificare § .... to disqualify

trovarsi* .... to be (situated)

uscire* di casa *irreg* ..... to leave the house

vincere *irreg* .... to win

andare* a cavallo *irreg*. ... to go horseriding

andare* a pesca *irreg*.... to go fishing

cantare nel coro .... to sing in the choir

convalidare .... to stamp, validate

convalidare il biglietto.. to date stamp ticket

difendere *irreg* .... to defend

dipingere *irreg* .... to paint

disegnare .... to draw

fare bricolage *irreg* .... to do odd jobs/DIY

fare lavoretti manuali *irreg* ... to do DIY

fare equitazione *irreg* ... to go horse riding

fare la coda *irreg* .... to queue

fare modellismo *irreg* ... to make models

fare pattinaggio a rotelle *irreg*
.... to roller-skate

fare snowboard .... to snowboard

fare vela *irreg* .... to go sailing

fare windsurf *irreg* .... to windsurf

girare un film .... to make a film

pattinare su ghiaccio .... to ice-skate

perdere *irreg* .... to lose

rilassarsi* .... to relax

riposarsi* .... to rest

sciare .... to ski

segnare un gol .... to score a goal

suonare il clarinetto ...... to play the clarinet

suonare il flauto .... to play the flute

suonare il piano............ to play the piano

suonare il violino .... to play the violin

suonare il violoncello... to play the cello

suonare la batteria .... to play the drums

suonare la chitarra........ to play the guitar

visitare un castello .... to look round a stately
                              home/castle

andare* a messa *irreg* .. to go to mass

andare* alla moschea *irreg*
.... to go to the mosque

andare* alla sinagoga *irreg*
.... to go to synagogue

For **seaside holidays** see page 83

For **winter sports** see page 83

For **outings** see page 84

For **special occasions and festivals**
    see page 45

Phrases

Gioco a calcio *I play football*

Suono il violino *I play the violin*

Recito in una commedia teatrale *I am acting in a play*

Recito la parte dell'agente segreto *I play the secret agent*

Mi piace andare a pesca *I like going fishing*

Abbiamo vinto la partita di calcio *We won the football match*

Vado matto per la musica *I am crazy about music*

Detesto gli sceneggiati *I hate soaps*

Le mie letture preferite sono i libri di fantascienza *My favourite kind of book is science fiction*

POCKET MONEY

Generale   General

la banconota .... bank note
il biglietto di banca .... bank note
la lira sterlina .... pound
la moneta .... coin
gli spiccioli (mpl) .... small change
caro .... expensive
costoso .... expensive
molto .... a lot
povero .... poor, badly off
ricco .... rich

alla settimana .... each week
al mese .... per month

Spendere soldi   Spending money

l'abbigliamento (m) ..... clothes
il biglietto .... ticket
la cassetta .... cassette
il CD .... CD
il DVD .... DVD
la rivista .... magazine
le scarpe .... shoes
le scarpe da ginnastica .. trainers
la sigaretta .... cigarette

lo smartphone .... smartphone
i vestiti .... clothes
il videogioco .... video-game

Risparmiare   Saving money

la bicicletta fuoristrada ....mountain bike
il portatile .... laptop
il regalo .... present
le vacanze .... holidays

Verbi utili   Useful verbs

avere bisogno di *irreg..* to need
avere pochi soldi *irreg.* to be short of money
avere un conto scoperto *irreg*
       .... to be overdrawn
cercare § un lavoro ...... to look for a job
comprare .... to buy
costare* .... to cost
essere* senza soldi *irreg* ...to be broke
fare economie *irreg* ..... to save
fare un prestito *irreg* .... to borrow
spendere *irreg* .... to spend
spendere troppi soldi *irreg*
       .... to spend too much money

For **other money words** see page 79

Phrases

Guadagno ... lire sterline all'ora *I earn £... an hour*

Lavoro il sabato *I work on Saturdays*

Lavoro tre sabati su quattro *I work three Saturdays out of four*

Comincio alle otto e finisco alle cinque *I start at eight and finish at five*

Sto risparmiando per comprare un portatile *I am saving up to buy a laptop*

Ho speso tutto *I've spent everything*

Sono al verde *I'm broke*

PERSONAL RELATIONSHIPS

Salutarsi Exchanging greetings

Buongiorno, Signor Toscani
.......................Good morning, Mr Toscani
Buongiorno, Signora Fabbri
.......................Good afternoon, Mrs Fabbri
Buona sera, Signorina ..Good evening, Miss
Ciao ....Hi!
Pronto ....Hallo (phone)
Arrivederci ....Goodbye
A presto ....See you soon
A più tardi ....See you later
A domani......................See you tomorrow

Come sta/stai/state?......How are you?
Molto bene, grazie........Very well, thank you
Così così ....So-so
Le/Ti presento Fabio ....May I introduce Fabio?
Piacere ....Pleased to meet you
Benvenuto! ....Welcome!

Avanti!..........................Come in
Si accomodi/Accomodati/Accomodatevi!
.................................Sit down
Per piacere/Per favore ..Please
Grazie ....Thank you
Scusi/Scusa/Scusate! ....Excuse me

Lubrificanti Fillers

Sì, certo ....Yes, of course
D'accordo.....................Agreed
Va bene.........................Agreed
È carino ....That's nice
Volentieri......................With pleasure
Con piacere...................With pleasure
Credo di sì ....I think so
Non credo ....I don't think so
Suppongo di sì..............I suppose so
Probabilmente ....I suppose so
Forse.............................Perhaps
Per me è lo stesso ....I don't mind
Che peccato!.................What a shame!

Scusarsi Apologising

Mi dispiace ....I am sorry
Non l'ho fatto apposta . I didn't do it on
purpose
Non c'è problema *coll* . No harm done
Non importa.................It doesn't matter
Prego...........................Don't mention it
Non si preoccupi/Non ti preoccupare/
Non preoccupatevi .. Don't worry
Le/Ti/Vi spiace? .... Do you mind?
Non ne parliamo più .... Let's forget it

Auguri Best wishes

Buon anno! .... Happy New Year!
Buon compleanno!....... Happy Birthday!
Buon Natale!............... Happy Christmas!
Buona giornata! .... Have a nice day!
Buona Pasqua! .... Happy Easter!
In bocca al lupo! .... Good luck!

Le opinioni Opinions

Mi piace/piacciono ... . I like ...
Non mi piace/piacciono ...
.... I don't like ...
Adoro ... . I love ...
Detesto ... . I hate ...
Non posso soffrire ... . I hate ...
Non sopporto ... ... I can't stand ...
Dipende....................... That depends
Preferisco ... . I prefer ...

È delizioso .... It's delicious
È disgustoso............... It's disgusting
È interessante............. It's interesting
È magnifico .... It's superb
È noioso...................... It's boring
È terribile................... It's awful

bravo in....................... good at
debole in .... poor at
difficile .... difficult

40

gentile........................kind
inetto..........................useless at
simpatico....................nice
terribile......................awful

Domande　　Questions

Che? ....What?
Che cosa? ....What?
Chi?............................Who?
Com'è …?...................What is … like?
Come? ....How? Pardon?
Cosa?..........................What?
Dove...? ....Where?
Perché?........................Why?
Posso …? ....May I …? Can I …?
Potrei …? ....Could I …?
Quale, Quali? ....Which?
Quando? ....When?
Quanti …?/Quante ...? .How many …?
Si può …? ....Can we …?

I problemi degli adolescenti
Teenage problems

l'adolescente (m, f) ......teenager
l'amichetta (f)..............girlfriend
l'amichetto (m)............boyfriend
l'amico (m)..................friend, mate
l'amica (f)....................friend, mate
il compagno.................friend, mate
la compagna ....friend, mate
i genitori ....parents
l'immigrato (m)............immigrant
il ladro ....thief
i professori ....teachers
il teppista....................hooligan

I problemi　　Problems

l'aggressione (f) ....attack, mugging
l'Aids (m)....................AIDS
l'apprendistato (m).......apprenticeship
l'assenteismo (m).........truancy
l'atteggiamento (m)......attitude

la bugia ....lie
la casa ....home
la disoccupazione ....unemployment
la divisa scolastica........school uniform
il divorzio ....divorce
la droga ....drug
gli esami ....examinations
la formazione...............training (job)
il furto nei negozi ....shop-lifting
l'impiego (m)................work
l'incomprensione (m) ...lack of understanding
l'intimidazione (f) ....bullying
il lavoro ....job
il lavoro scolastico........school work
i maltrattamenti (mpl)...abuse
la mancanza di soldi .....lack of money
la mancanza di trasporti ...lack of transport
la materia scolastica......school subject
la moda ....fashion
la musica pop................pop music
i foruncoli ....spots, zits
la pelle ....skin
la posta del cuore..........agony column
le pressioni dei genitori ...parental pressure
il razzismo ....racism
il rifugio.......................refuge
il salto generazionale ....generation gap
il, la senzatetto..............homeless person
il tran-tran quotidiano *coll*....daily routine
il vandalismo ....vandalism
la violenza ....violence

Aggettivi　　Adjectives

alcolizzato....................alcoholic
annoiato ....bored
beneducato....................well-mannered
beninformato ....well-informed
dotato............................gifted
intelligente....................intelligent
lontano dalla città ....a long way out of town
malinformato ....ill-informed
noioso ....boring

obbligatorio .... compulsory
ovvio .... glaring, obvious
pigro .... lazy
prepotente .... bully
privilegiato .... privileged
scarso (in) *coll* .... no good (at)
stressato .... stressed out
svantaggiato .... disadvantaged
viziato .... spoiled

Espressioni   **Expressions**
Mi affatica .... It makes me tired
Mi annoia .... It bores me
Mi dà fastidio .... It annoys me
Mi dà sui nervi .... It gets on my nerves
Mi irrita .... It irritates me
Mi stanca .... It makes me tired

Verbi utili   **Useful verbs**
aiutare in casa .... to help in the house
alzarsi* tardi .... to get up late
andare* a letto presto *irreg*
.... to go to bed early
andare* a letto tardi *irreg* ..... to go to bed late
andare* d'accordo con *irreg*
.... to get on well with
capire (isc) .... to understand
comprendere *irreg* .... to understand
dimenticare § .... to forget
diventare* *irreg* .... to become

divertirsi* .... to have fun
dovere *irreg* .... to have to
dubitare di sè .... to doubt oneself
essere* comprensivo .... to be understanding
essere*senza domicilio fisso
.... to be of no fixed address
guadagnare denaro/soldi ...to earn money
lavare i piatti .... to do the washing up
litigare § .... to fight, quarrel
mettere in ordine (la propria) camera *irreg*
.... to tidy one's room
perdere *irreg* .... to lose
permettere *irreg* .... to allow
ripassare .... to revise
saltare la scuola *coll*..... to skive off school
trovare ... difficile .... to find ... difficult

accettare .... to accept
arrossire (isc) .... to blush
criticare § .... to criticise
dire bugie *irreg* .... to lie
dire la verità *irreg* .... to tell the truth
espellere *irreg* .... to expel, send away
nascondere la verità *irreg* .... to hide the truth
rubare .... to steal

For **leisure time and activities** see page 33
For **café and restaurant** see page 24
For **cinema, radio, TV, music, etc**
   see page 16

Phrases

Vai d'accordo con i tuoi genitori/tua madre/tuo padre/tuo fratello/tua sorella?
   Do you get on well with your parents/mother/father/brother/sister?

Hai dei problemi a scuola? *Have you any problems at school?*

Ti permettono di uscire con gli amici durante la settimana/al fine-settimana?
   Are you allowed to go out with your friends during the week/at weekends?

Per quali motivi litigate a casa? *What do you argue about at home?*

Cosa ti dà fastidio? *What annoys you?*

Quello che più mi dà fastidio è … *What annoys me most is …*

GOING OUT

Dove andiamo?   Where shall we go?

il bar	bar
il caffè	café
il centro sportivo	sports centre
il cinema	cinema
la discoteca	disco
la festa	party (celebration)
i negozi	shops
il night-club	nightclub
il parco	park
la partita	match
la piscina	swimming pool
la pista di pattinaggio	ice rink
il teatro	theatre

For **eating out** see page 24

Accettare   Accepting

buona idea	good idea
certamente	certainly
con piacere	with pleasure
d'accordo	OK
Dipende	It depends
formidabile	super
gentile	nice, kind
grazie	thank you
intesi	OK, agreed
Mi piacerebbe moltissimo	I'd love to
naturalmente	of course
sì	yes
volentieri	gladly

Rifiutare   Refusing

È impossibile perché …	It's impossible, because …
Mi dispiace, ma …	Sorry, but …
Sono spiacente, ma …	I'm sorry, but …
Non posso	I can't
Non sono libero	I'm not free
Sarebbe bello, ma …	It would be nice but …

no	no
sfortunatamente	unfortunately

Quando ci rivediamo?   When shall we meet?

al fine settimana	at the weekend
alle sette e mezza	at 7.30
domani	tomorrow
dopodomani	the day after tomorrow
fra due ore	in two hours
la settimana prossima	next week
lunedì prossimo	next Monday
presto	soon
questa sera	this evening
questo pomeriggio	this afternoon

For **other clock times** see page 94
For **days of the week** see page 95

Dove ci incontriamo?   Where shall we meet?

al bar	in the café
al caffè	in the café
al ristorante	in the restaurant
alla fermata d'autobus	at the bus stop
alla stazione	at the station
davanti al cinema	outside the cinema

For **town and buildings** see page 47

in	in
davanti a	in front of
dietro	behind
di fronte a	opposite
a destra di	to the right of
a sinistra di	to the left of

Verbi utili   Useful verbs

accettare	to accept
accompagnare	to go with
andare*a vedere *irreg*	to go and see
arrivare*	to arrive

43

aspettare........................to wait for
attendere § ....to wait for
avere luogo *irreg*..........to take place
ballare..........................to dance
bisogna ....we must, you have to
chiedere *irreg*...............to ask
combinare un incontro......to arrange to meet
costare* ....to cost
decidere *irreg*...............to decide
dimenticare §.................to forget
essere* spiacente *irreg*.....to be sorry
incontrarsi* *irreg*..........to meet
invitare.........................to invite
pensare.........................to think
potere *irreg*...................to be able to, can
proporre *irreg*...............to suggest
rifiutare........................to refuse
rimandare.....................to postpone
ringraziare § ....to thank
sapere *irreg*...................to know (facts)
uscire* *irreg* ....to go out
vedere *irreg* ....to see
vedersi* *irreg* ....to meet
venire* *irreg*.................to come
volere *irreg*...................to want to

Gli svaghi　　Entertainment

il cinema.......................cinema
il concerto.....................concert
la discoteca...................disco, night club
la festa ....party
il ristorante ....restaurant
il teatro ....theatre

Comprare biglietti　Buying tickets

l'adulto (m)...................adult
il bambino ....child
il biglietto ....ticket
la galleria......................circle
il gruppo ....group

l'ingresso (m)...............entrance (cost)
la platea.......................stalls
il posto ....seat
il prezzo ....cost, price
la riduzione per bambini
　　　　..............................reduction for children
lo studente...................student
la tariffa.......................cost
la tariffa ridotta ....reduced rate
la tariffa studenti ....student rate

Quando comincia?　When does it start?

il giorno festivo............bank holiday
il mattino.....................morning
l'ora (f).........................hour
l'orario di apertura (m) ....opening times
l'orario di chiusura (m)....closing times
l'orario degli spettacoli (m) ...time of the show
il pomeriggio................afternoon
la sera ....evening

aperto ....open
chiuso...........................closed

a partire da ....from
fino a ....until

Verbi utili　　　Useful verbs

arrivare*.......................to arrive
cercare § ....to look for
cominciare* §..............to start (a show)
cominciare § a..............to start doing sthg
costare*.......................to cost
durare*........................to last
entrare* ....to go into
finire (isc)*...................to end
recitare ....to act
uscire* *irreg*................to go out

For **clock times** see page 94
For **numbers** see page 93
For **days of the week** see page 95

FESTIVALS

Festeggiamo   We celebrate

San Silvestro .... New Year's Eve
il Capodanno .... New Year's Day
l'anno nuovo .... New Year
l'Epifania .... Twelfth Night
San Valentino .... St Valentine's Day
Martedì grasso .... Shrove Tuesday
la festa della mamma ... Mother's Day
la festa del papà .... Father's Day
Pasqua (f) .... Easter Day
il primo maggio .... May 1st
la festa della Repubblica .. Italian National Day
Ognissanti .... All Saints (Nov 1st)
il cinque novembre .... Bonfire Night
la vigilia di Natale .... Christmas Eve
(il giorno di) Natale ...... Christmas Day

il Ramadan .... Ramadan
il Sabbat .... Sabbath
la Pasqua ebrea .... Passover
il Nuovo Anno ebreo .... Rosh Hashana
il Divali .... Divali

il Bar Mitzvah .... Bar Mitzvah
il battesimo .... christening
la cerimonia civile .... civil ceremony
la cerimonia religiosa ... church wedding
il compleanno .... birthday
la luna di miele .... honeymoon
il matrimonio .... marriage
la nascita .... birth
le nozze .... wedding
l'onomastico (m) .... name day
il ricevimento di nozze ..... wedding reception

Generale   General

l'albero (m) di Natale ... Christmas tree
il ballo .... ball
il cartoncino d'auguri ... greetings card
la colomba pasquale ..... Italian Easter cake

i confetti .... sugared almonds
la fava .... bean in Twelfth
                    Night cake
la festa .... party
la festa di compleanno . birthday party
i fuochi d'artificio .... fireworks
il mughetto .... lily of the valley
la musica .... music
il panettone .... Italian Christmas cake
Papà Natale .... Father Christmas
il presepio .... Nativity
la processione .... procession
il regalo .... present
la storia .... story; history
la torta .... cake
le uova di cioccolato .... Easter eggs
le uova di zucchero ...... sugar eggs

la cattedrale .... cathedral
la chiesa .... church
la moschea .... mosque
la sinagoga .... synagogue
il tempio sikh .... gurdwara

Le persone   People

l'amico (m) .... friend
l'amica (f) .... friend
la famiglia .... family
i genitori .... parents
i parenti .... relatives

il cristiano .... Christian
l'ebreo (m) .... Jew
l'indú (m, f) .... Hindu
il mussulmano .... Muslim
il, la sikh .... Sikh

Com'era?   What was it like?

chiassoso .... noisy
divertente .... good fun
familiare .... of the family

felice.............................happy

religioso.......................religious

rumoroso ....noisy

Verbi utili   **Useful verbs**

accadere* *irreg*.............to arrive; to happen

andare* al ristorante *irreg*

................................to go to a restaurant

andare* dagli amici *irreg* ..to visit friends

andare* *irreg*................to go

ascoltare (la) musica.....to listen to music

augurare........................to wish

avere luogo *irreg*..........to take place

ballare...........................to dance

bere *irreg*......................to drink

cantare ....to sing

comp(e)rare ....to buy

dare *irreg*.....................to give

divertirsi*....................to have a good time

festeggiare §.................to celebrate

invitare ....to invite

mandare........................to send

mangiare § ....to eat

regalare........................to give presents

ricevere (gli) amici.......to have friends round

ricevere un regalo.........to receive a present

rimanere* *irreg*............to stay

scambiarsi* regali ....to exchange presents

succedere* *irreg*...........to arrive; to happen

For **other family words** see page 27

For **food** see pages 24, 55

For **recipes** see page 58

For **clothes** see page 59

Phrases

Dove passi il giorno di Natale/Chanukah/Divali/Eid? *Where do you spend Christmas/Chanukah/Divali/Eid?*

Che cosa fai? *What do you do?*

Che cosa mangi? *What do you eat?*

Ricevi dei regali? *Do you get presents?*

Regalo un CD a mio papà *I am giving my father a CD as a present*

TOWN AND COUNTRY

Generale	General
l'agglomerato (m)	built-up area
l'agricoltura (f)	agriculture
l'ambiente (m)..............	environment
la città..........................	town
i dintorni......................	surroundings
l'industria (f)	industry
il paese	village
la periferia	suburbs, outskirts
il quartiere	district in large city
il rumore......................	noise
il silenzio.....................	silence
lo spazio	space
la zona	district (in large city)

La geografia	Geography
la campagna..................	country
la catena di montagne...	mountain range
il clima	climate
la collina.....................	hill
il deserto......................	desert
la diga..........................	dam
il fiume	river
l'isola (f)......................	island
il lago	lake
la montagna..................	mountain
la provincia..................	province
la regione.....................	region
il torrente.....................	stream
la valle	valley

La gente	People
gli abitanti	inhabitants
l'agricoltore (m)	farmer
l'automobilista (m, f) ...	motorist
i bambini	children
il, la bracciante	farm worker
il, la ciclista	cyclist
il cittadino	city dweller, citizen
il, la commerciante	trader

il contadino	farmer (small-holding)
la donna	woman
la donna d'affari	business woman
il, la negoziante	seller, shopkeeper
il pedone	pedestrian
il poliziotto	policeman
il postino......................	postman
l'uomo (m)....................	man
l'uomo d'affari	businessman
il vigile urbano	policeman (local)

In città	In town
Gli edifici	**Buildings**
l'abbazia (f)	abbey
l'aeroporto (m)	airport
l'agenzia di viaggi (f) ...	travel agency
l'albergo (m).................	hotel
l'associazione giovanile (f) ...	youth club
l'azienda di soggiorno (f)	tourist office
la banca........................	bank
la biblioteca	library
il castello	castle
la cattedrale..................	cathedral
la chiesa	church
il cinema	cinema
la clinica	clinic, private hospital
il commissariato di polizia .	police station
il commissariato di zona.....	local police station
il condominio...............	block of flats
la fabbrica	factory
il giardino pubblico	park
il mercato.....................	market
il municipio	town hall
il museo	museum
il negozio	shop
l'ospedale (m)...............	hospital
l'ostello della gioventù (m) ...	youth hostel
il palazzo del ghiaccio ..	ice rink
il parco.........................	park
la piscina......................	swimming pool

la questura .... police headquarters
la scuola elementare ..... primary school
la scuola media .... secondary school
lo stadio .... stadium
la stazione .... station
la stazione degli autobus .. bus station
la stazione di servizio ... petrol station
il teatro .... theatre
la torre .... tower
l'ufficio (m) .... office
l'ufficio postale (m) ..... post office
l'ufficio turismo (m) ..... tourist office

Punti di riferimento   Landmarks
l'angolo (m) .... corner
l'autostrada (f) .... motorway
la buca delle lettere ...... letter box
la cabina telefonica ...... phone box
il campeggio .... campsite
il centro commerciale ... shopping centre
il centro sportivo .... sports centre
la chiesa protestante ..... Protestant church
la circolazione .... traffic
la circonvallazione .... ring road; bypass
la città .... town
il centro città .... town centre
il corso .... wide street (with trees)
l'edicola (f) (dei giornali)
 .... newspaper stand, kiosk
la fermata d'autobus ..... bus stop
la fine della strada .... end of the road
il giardino pubblico ...... park
l'incrocio (stradale) (m) ... crossroads
il luogo .... place
il marciapiede .... pavement
la metropolitana .... underground
il monumento .... monument
la moschea .... mosque
il paese .... village
il paesino .... hamlet
il palazzo .... palace
il parcheggio .... car park
il parco .... park

il passaggio a livello .... level crossing
il passaggio pedonale ... pedestrian crossing
il passaggio sotterraneo .... subway
la periferia .... suburb
la piazza .... square
il ponte .... bridge
il porto .... port
il quartiere .... district, area
il quartiere di periferia ..... suburb
il quartiere residenziale..... residential area
la rotatoria .... roundabout
il segnale stradale .... road sign
il semaforo .... (traffic) lights
la sinagoga .... synagogue
la strada .... avenue
la terrazza (del caffè) ... terrace (on pavement)
la via .... avenue, street
il viale .... wide street (with trees)
il vicolo cieco .... cul-de-sac
la zona pedonale .... pedestrian precinct

Al giardino pubblico   In the park
l'aiuola (f) .... flower bed
l'albero (m) .... tree
l'altalena (f) .... swing
l'erba (f) .... grass
il fiore .... flower
la fontana .... fountain
la panchina .... bench
la statua .... statute

In campagna   In the country
l'albero (m) .... tree
il bosco .... wood
la campagna .... countryside
il campo .... field
la casetta di campagna . holiday cottage
la collina .... hill
l'erba (f) .... grass
la fattoria .... farm
il fiore .... flower
il fiume .... river

48

la foresta	forest
il frutteto	orchard
la natura	nature
la riva	edge, river bank
la seconda casa	second home
il sentiero	footpath
la siepe	hedge
il trattore	tractor
il villaggio	village

Alla fattoria   On the farm

l'agricoltore (m)	farmer
l'aia (f)	farmyard
l'azienda agricola (f)	farm (large)
il casale	farmhouse
la fattoria	farm
il fienile	barn
il fieno	hay
il mulino a vento	windmill
il nido	nest
la paglia	straw
il podere	farm (small)
i prodotti (mpl) della fattoria	farm produce
il rimorchio	trailer
lo spaventapasseri	scarecrow
lo stagno	pond
la stalla	stable
la vendemmia	grape harvest
la vigna	vineyard
il vinicultore	wine grower
la vinicultrice	wine grower

For **animals** see page 84

Com'è?   What is it like?

animato	lively
bello *irreg*	pretty, beautiful
brutto	ugly
buono *irreg*	good
calmo	quiet
d'epoca	period
ex~	ex~
grande *irreg*	big
grazioso	charming

importante	important
industriale	industrial
inquinato	polluted
interessante	interesting
largo	wide
moderno	modern
molti	several
molto	a lot of, many
naturale	natural
noioso	boring
pericoloso	dangerous
piacevole	pleasant
piccolo	small
pittoresco	picturesque
pulito	clean
sporco	dirty
storico	historic
tranquillo	peaceful, quiet
triste	sad
urbano	urban, of the city
vecchio	old, former

Dov'è?   Where is it?

a	at
a destra (di)	on the right (of)
a dieci chilometri da	10 km from
a sinistra (di)	on the left (of)
accanto (a)	next to
attorno (a)	around
contro	against
da	at, from
davanti	in front of
di fronte (a)	opposite
dietro (a)	behind
fra	between
in mezzo a	in the middle of
là	there
laggiù	over there
lontano da	a long way from
lungo	along
qui vicino	near here
sempre dritto	straight on

situato a .... situated at
sotto .... under
su .... on
tra .... between, among
vicinissimo a .... very near to
vicino a .... near to

For **countries** see page 91

Verbi utili　　　　**Useful verbs**
andare* fino a *irreg* ...... to go as far as
attraversare .... to cross
continuare .... to carry on

esplorare .... to explore
girare .... to turn
passare* davanti .... to go past
prendere *irreg* .... to take
Scusi/Scusa/Scusate! ... Excuse me!
trovarsi* .... to be situated
vedere *irreg* .... to see
visitare .... to visit

For **weather** see page 51
For **shops** see page 54
For **holiday words** see page 80

Phrases

Abito a Malvern da dieci anni　*I have lived in Malvern for ten years*

Malvern è una piccola città vicino a Worcester　*Malvern is a little town near Worcester*

Che cosa c'è da vedere a Malvern?　*What is there to see in Malvern?*

Ci sono le colline, il piccolo museo, un parco e una grande chiesa　*There are the hills, the little museum, a park and a big church*

Si può andare a teatro, al cinema o alla piscina　*You can go to the theatre, the cinema or the swimming pool*

Ogni domenica andiamo a passeggiare in collina　*Every Sunday we go for walks on the hills*

WEATHER

Generale — General

il bollettino del mare	shipping forecast
la foto dal satellite	satellite picture
le previsioni del tempo (fpl)	weather forecast

il cielo	sky
il grado	degree
la nebbia	fog
la neve	snow
la nuvola	cloud
la pioggia	rain
il rovescio	shower, downpour
il sole	sun, sunshine
la temperatura	temperature
il temporale	storm
il tuono	thunder
il vento	wind

l'afa (f)	sultriness
l'alba (f)	sunrise
l'arcobaleno (m)	rainbow
il caldo (estivo)	(summer) heat
il calore	heat
il clima	climate
la foschia	mist
il fulmine	thunderbolt
il ghiaccio	ice
la grandine	hail
il lampo	flash of lightning
la luna	moon
il mare	sea
la marea	tide
il miglioramento	improvement
l'ombra (f)	shadow, shade
la precipitazione	precipitation
la pressione	pressure
la previsione	forecast
la schiarita	bright period
la siccità	drought
la stella	star

il tramonto	sunset
l'umidità (f)	dampness, humidity
la visibilità	visibility

Le stagioni — Seasons

l'autunno (m)	autumn
l'estate (f)	summer
l'inverno (m)	winter
la primavera	spring

l'annata (f)	year
l'anno (m)	year
il mattino	morning
il mese	month
la notte	night
il pomeriggio	afternoon
la sera	evening
la serata	evening
la stagione	season

Che tempo fa oggi?
What is the weather like today?

Fa bello	It is fine
Fa brutto tempo	The weather is bad
Fa buio	It is dark
Fa caldo	It is hot
Fa freddo	It is cold
Fa giorno	It is light
Fa notte	It is dark
C'è nebbia	It is foggy
C'è nevischio	It is sleeting
C'è il sole	It is sunny
C'è il temporale	It is stormy
Tira vento	It is windy
È nuvoloso	It is cloudy
Ci sono fulmini	It is lightning
Ci sono nuvole	It is cloudy
Ci sono trenta gradi	It is 30 degrees
Gela	It is freezing
Grandina	It is hailing

Nevica ....It is snowing
Piove............................It is raining
Tuona..........................It is thundering

E domani ...?   Tomorrow ...?

Secondo le previsioni...
    According to the weather forecast
Farà bello.....................It will be fine
Farà caldo....................It will be hot
Farà freddo ....It will be cold
Ci saranno trenta gradi .... It will reach 30°C
Ci saranno delle schiarite
    ....There will be bright spells
Ci sarà nebbia...............It will be foggy
Ci sarà (il) sole ....It will be sunny
Ci sarà un temporale.....It will be stormy
Ci sarà vento................It will be windy
Sarà nuvoloso..............It will be cloudy

Ieri ...   Yesterday ...

Faceva bello ....It was fine
Faceva caldo.................It was hot
Faceva freddo ....It was cold
Faceva brutto tempo.....The weather was bad
C'erano trenta gradi......It was 30 degrees
C'era nebbia ....It was foggy
C'era il sole ....It was sunny
Tirava vento ....It was windy
Era nuvoloso.................It was cloudy
Gelava ....It was freezing
Nevicava.....................It was snowing
Pioveva.......................It was raining

... o quando?   ... or when?

domani........................tomorrow
dopodomani.................the day after tomorrow
generalmente ....usually
recentemente ....recently
sempre ....always
sovente.......................often
spesso ....often
di tanto in tanto ....from time to time
qualche volta ....sometimes

Aggettivi	**Some adjectives**
afoso...........................	heavy, sultry
bello *irreg*	fine
blu *inv*	blue
brumoso	misty
brutto..........................	bad
caldo...........................	hot
coperto	cloudy
forte...........................	strong
fosco...........................	gloomy, dull
freddo..........................	cold
leggero	light
meglio *adv*	better
migliore *adj*.................	better
mite	mild, moderate
nevoso.........................	snowy
nuvoloso......................	cloudy
piacevole	pleasant
piovoso........................	rainy
prossimo......................	next
raro.............................	rare
secco	dry
sereno..........................	clear
soleggiato.....................	sunny
temporalesco	stormy
terribile.......................	awful
umido...........................	wet
variabile	variable

Verbi utili	**Useful verbs**
brillare.........................	to shine
cambiare* §.................	to change
diventare* mite	to become mild
fare bello *irreg*	to be fine
fare previsioni *irreg*	to forecast
gelare*.........................	to freeze
nevicare* §.................	to snow
piovere* *irreg*	to rain
raffreddarsi*.................	to get colder
sciogliersi* *irreg*..........	to melt
soffiare §	to blow
tuonare	to thunder

FINDING THE WAY

Per andare a ..?   How do I get to ..?

Scusi, signore .... Excuse me (to a man)
Scusi, signora .... Excuse me
                                    (to a woman)
Dov'è …?.................... Where is …?
Mille grazie .... Thank you very much

Attraversi/Attraversa/Attraversate la strada
.... Cross the road
Vada/Vai/Andate sempre dritto
.... Go straight on
Giri/Gira/Girate a destra...... Turn right
Giri/Gira/Girate a sinistra ...Turn left
Segua/Segui/Seguite la via
.... Go down the street
Prenda/Prendi/Prendete la Statale 12
.... Take the SS12
Risala/Risalgi/Risalite la via
.... Go up the street
Prenda/Prendi/Prendete la prima a destra
.... Take the first on the right

Dov'è?   Where is it?

accanto all'ufficio postale
.... next to the post office
all'angolo della strada .. on the corner of the street
davanti al cinema .... outside the cinema
di fronte alla banca .... opposite the bank
dietro il teatro .... behind the theatre
dopo l'incrocio .... after the crossroads
fra il ponte e il semaforo
.... between the bridge and the lights
lontano dalla stazione
.... a long way from the station
prima di arrivare al chiosco
.... before you get to the kiosk
vicino............................ close by
vicino alla piazza.......... near the square
qui vicino .... near here

For **landmarks** see page 48

Segnali   Signs

accesso vietato .... no entry
deviazione................... diversion
lavori in corso .... roadworks
parcheggio vietato........ no parking
pedaggio....................... toll
riservato ai pedoni .... pedestrians only
senso unico .... one way
tenere la destra .... keep to the right
vietato ai ciclisti........... no cyclists
vietato camminare sull'erba. keep off the grass
vietato l'accesso........... no entry

La carta stradale   The map

l'autostrada (f) .... motorway
il percorso alternativo .. alternative route
la strada panoramica .... scenic route
la strada secondaria ..... secondary road
la strada statale (SS) .... main road

Verbi utili   Useful verbs

andare* *irreg* .... to go
andare* fino a … *irreg* to go as far as …
attraversare.................. to cross
camminare .... to walk
conoscere *irreg* .... to know (place, people)
continuare .... to continue
essere* a piedi *irreg*..... to be on foot
girare.......................... to turn
guidare .... to drive
prendere *irreg* .... to take (a route)
salire* *irreg* .... to go up
sapere *irreg* .... to know (fact, how to)
scendere* *irreg* .... to go down
vedere *irreg* .... to see
visitare .... to visit

For **town words** see page 47
For **shops** see page 54
For **address words** see page 10
For **public transport and car** see page 66

Phrases

Per andare alla stazione per favore? *How do I get to the station, please?*

Dov'è la stazione degli autobus? *Where is the bus station?*

È lontano da qui? *Is it far?*

Quanto dista? *How far is it?*

È a dieci minuti a piedi *It's a ten minute walk*

È a cinque chilometri da qui *It's five kilometres from here*

Possiamo andarci in autobus? *Can we get there by bus?*

Devo prendere un taxi? *Do I have to take a taxi?*

Puoi vedere la chiesa? *Can you see the church?*

SHOPPING

Generale   General

la bottega .... shop (small)
il centro città .... town centre
il centro commerciale ... shopping centre
il negozio .... shop
la periferia .... outskirts

Le persone   People

il venditore ambulante ..... market trader
la cassiera .... cashier
il cassiere .... cashier
il, la cliente .... customer
il commesso .... sales assistant
il gestore .... manager
il passante .... passer-by

I negozi   The shops

l'edicola dei giornali (f) ... news stand, kiosk
il grande magazzino .... department store
l'ipermercato (m) .... hypermarket
il mercato .... market
il supermercato .... supermarket

la banca .... bank
la cassa di risparmio ..... savings bank
l'ufficio postale (m) ..... post office

l'agenzia di viaggi (f)... travel agency
la bottega .... small shop
la bottiglieria .... wine shop
la calzoleria .... shoe repair shop
la cartoleria .... stationer's shop
la drogheria .... grocer's shop
la farmacia .... chemist's shop
il ferramenta .... hardware shop
il fruttivendolo .... fruit seller
la gioielleria .... jeweller's
la latteria .... dairy produce shop
la lavanderia a secco .... dry-cleaner's
la libreria .... bookshop
la macelleria .... butcher's shop
il negozio di abbigliamento .... clothes shop
il negozio di frutta e verdura... greengrocer's
il negozio di ottica e fotografia
.... photographer's

54

l'ottico (m) .... optician
la panetteria .... baker's shop
la pasticceria .... cake shop
la pescheria .... fish shop
la rosticceria .... take-away
il salone di parrucchiere ... hairdresser's salon
la salumeria .... delicatessen
il self-service .... self-service
la tabaccheria .... tobacconist's shop
la tintoria .... dry cleaner's

Nel negozio   In the shop

l'articolo (m) .... article
l'ascensore (m) .... lift
il banco .... counter
la cabina di prova .... changing room
il carrello .... trolley
il, la commerciante .... shopkeeper
l'entrata principale (f) .. main entrance
l'esposizione (f) della merce ..... display
l'etichetta (f) .... label
la marca .... make, brand
la merce .... goods
il paniere .... basket
il piano .... floor
il pianterreno .... ground floor
il prezzo .... price
il prodotto .... product
le provviste .... groceries
la qualità .... quality
la ricevuta (fiscale) .... receipt (for services)
lo scaffale .... shelf
la scala mobile .... escalator
lo scontrino .... receipt (for goods)
la sezione .... department
il sottosuolo .... basement
l'ultimo piano (m) .... top floor
la vetrina .... shop window

Avvisi   Signs, Notices

aperto tutti i giorni .... open 7 days a week
chiuso .... closed

chiuso per ferie .... annual holiday
entrata .... entrance
entrata libera .... browsers welcome
liquidazioni .... sale
d'occasione .... second-hand
orario di apertura .... opening hours
pagare § alla cassa .... pay at the cash desk
si prega di non toccare (la merce)
.... please do not touch (the goods)
prezzi stracciati .... fantastic prices
(in) promozione .... on special offer
riduzioni .... reductions
self-service *inv* .... self-service
spingere .... push
tirare .... pull
uscita di soccorso .... (emergency) exit
in vendita .... for sale
in vendita qui .... on sale here

Basta così .... That's all
Va bene .... That's fine
molto .... a lot of
quanto, quanta? .... how much?
quanti, quante? .... how many?
a partire da .... from
per persona .... per person
un po' (di) .... some
quale? .... which?
troppo, troppa .... too much
troppi, troppe .... too many
Vorrei … .... I would like …

Fare la spesa   Buying food
Bibite   Drinks

l'acqua minerale (f) ..... mineral water
naturale .... still
frizzante .... fizzy
l'alcol (m) .... alcohol
la Coca-Cola® .... Coca-Cola®
il latte completo .... full milk
il latte (parzialmente) scremato
.... (semi-) skimmed milk
la limonata .... lemonade

l'orangina® (m)...........orangina®

il succo di frutta...........fruit juice

il tè..............................tea

il vino ....wine

In panetteria   At the baker's

il cornetto ....croissant

i grissini.......................breadsticks

la pagnotta ....bread roll

il pane (a cassetta).......(sliced) bread

i pasticcini ....pastries, cakes

la torta..........................cake, tart

In drogheria   At the grocer's

l'aceto (m)....................vinegar

il biscotto.....................biscuit

il burro.........................butter

il caffè.........................coffee

la caramella ....toffee

le chips ....crisps

la cioccolata.................chocolate

i corn-flakes.................cornflakes

la farina.......................flour

il formaggio.................cheese

il gelato........................ice cream

la margarina.................margarine

la marmellata...............jam

la marmellata d'arance .marmalade

il miele........................honey

la minestra...................soup

la mostarda ....mustard

l'olio (d'oliva) (m) ....(olive) oil

il panino.......................sandwich

la panna ....cream

la pasta.........................pasta

le patatine fritte ....chips

il pepe ....pepper

la pizza ....pizza

il riso ....rice

il sale ....salt

gli spaghetti ....noodles

le spezie.......................spices

l'uovo (m)....................egg

le uova (fpl).................eggs

lo yogurt......................yoghurt

lo zucchero..................sugar

La carne   Meat

l'agnello (m) ....lamb

l'anatra (f)...................duck

l'arrosto (m)................joint, roast meat

la bistecca....................steak

la carne di struzzo ....ostrich meat

la carne tritata ....mince

il coniglio....................rabbit

la coscia d'agnello ....leg of lamb

la cotoletta...................chop, cutlet

l'hamburger (m)..........hamburger

il maiale ....pork

il manzo ....beef

il montone...................mutton

il pollame ....poultry

il pollo.........................chicken

il prosciutto crudo........raw ham

il salame......................salami

la salsiccia...................sausage

la selvaggina ....venison

il tacchino...................turkey

il vitello......................veal

Legumi   Vegetables

la carota.......................carrot

il cavolfiore.................cauliflower

il cavolino di Bruxelles.... Brussels sprout

il cavolo ....cabbage

il cetriolino..................gherkin

il cetriolo.....................cucumber

la cipolla......................onion

il fagiolino...................green/French bean

il fagiolo......................bean

la fava..........................broad bean

il fungo........................mushroom

l'insalata verde (f)........lettuce, green salad

la lattuga......................lettuce

la melanzana ....aubergine, egg-plant

la patata.......................potato

i piselli.........................peas
il pomodoro.................tomato
il riso ....rice
lo zucchino.................courgette, marrow

l'aglio (m) ....garlic
la bietola......................beetroot
i broccoli (mpl) ....broccoli
il carciofo ....artichoke
il maïs..........................sweetcorn
il peperone giallo/rosso/verde
................................yellow/red/green pepper
il porro..........................leek
il ravanello ....radish
gli spinaci (mpl)..........spinach

Frutta e noci   **Fruit and nuts**
l'albicocca (f) ....apricot
l'ananas (m) ....pineapple
l'anguria (f) ....watermelon
l'arancia (f)..................orange
l'avocado (m)...............avocado
la banana ....banana
il cedro ....lime
la ciliegia.....................cherry
la fragola ....strawberry
il kiwi ....kiwi
il lampone....................raspberry
il limone ....lemon
la mandorla..................almond
il mandarino ....tangerine
la mela.........................apple
il melone......................melon
il ribes.........................redcurrant
la mora ....blackberry
la nocciola ....hazelnut
la noce ....walnut
la pera..........................pear
la pesca........................peach
la pesca noce ....nectarine
il pompelmo ....grapefruit
la prugna......................prune
il ribes nero ....blackcurrant

la susina ....plum
l'uva (f).......................grape
l'uva spina (f) ....gooseberry

Pesci   **Fish**
l'aragosta (f) ....lobster
l'aringa (f)...................herring
i bastoncini di pesce.....fish fingers
il branzino...................sea bass
i frutti di mare..............shellfish
il gamberetto................shrimp
il granchio di mare.......crab
il merluzzo ....cod
il nasello......................haddock
le ostriche....................oysters
i peoci ....mussels
il pesce spada...............swordfish
il pesce razza...............skate, ray
il salmone (affumicato)....(smoked) salmon
la sardina.....................sardine
il tonno........................tuna
la trota.........................trout

Com'è?   **What is it like?**
abbastanza cotto...........medium (meat)
al sangue ....rare (meat)
alla griglia ....grilled
amaro ....bitter
arrosto ....roast(ed)
avariato ....bad (gone off)
ben cotto ....well cooked
biologico ....organic
bollito..........................boiled
buono *irreg* ....good
caldo ....hot
casalingo ....home-made
cattivo ....bad
crudo ....raw
dolce ....sweet
eccellente ....excellent
farcito..........................stuffed
freddo..........................cold
fresco ....fresh, not frozen

fritto	fried	**Verbi utili**	**Useful Verbs**
gratinato	au gratin	battere	to beat
mezzo~	half~	condire	to season
naturale	organic	coprire *irreg*	to cover
pulito	clean	cucinare	to cook
regionale	local	fare bollire *irreg*	to bring to the boil
salato	savoury, salty	fare dorare *irreg*	to brown, fry gently
squisito	delicious	insaporire (isc)	to flavour
tostato	toasted	mescolare	to mix
		pelare	to peel

Ricette	**Recipes**	prendi/prendete	take
Come si prepara?	**How do you make that?**	preparare	to prepare
l'aglio (m)	garlic	riempire	to fill
il basilico	basil	scolare	to drain
la cannella	cinnamon	stendere *irreg*	to roll out (pastry)
l'erba (f) cipollina	chives	tagliare §	to cut
le erbe aromatiche	herbs	tagliare § a pezzi	to cut up
il coriandolo	coriander	versare	to pour
il dragoncello	tarragon		
la maggiorana	marjoram	**Pesi e misure**	**Weights and measures**
la noce moscata	nutmeg	un cucchiaino da caffè	a teaspoonful
l'origano (m)	oregano	un cucchiaio da minestra	a tablespoonful
il pepe	pepper	un pizzico di	a pinch of
il prezzemolo	parsley		
il rosmarino	rosemary	cento grammi di	100 grams of
il sale	salt	mezzo litro di	half a litre of
la salvia	sage	la dozzina	dozen
le spezie	spices	il grammo	gram
il timo	thyme	il chilo	kilo
lo zafferano	saffron	il litro	litre
lo zenzero	ginger	la libbra	pound (lb)
		la metà	half
crudo	raw, uncooked	il quarto	quarter
a fondo	thoroughly	il terzo	third
in forno a temperatura moderata			
	in a moderate oven	la bottiglia	bottle
a fuoco dolce	on a low heat	il cestino	punnet
grattugiato	grated	la fetta	slice
(ben) imburrato	(well) buttered	la lattina	can
infarinato	dipped in flour, floured	il pacco	packet
speziato	spicy	la scatola	box, tin
stufato	stewed	il tubo	tube
tritato	minced	il vasetto	jar, pot
		ciascuno	per item

Alla cassa   Paying

il biglietto (da venti)	(20 euro) note
la carta di credito	credit card
la carta Visa®	Visa® card
la CartaSi®	major Italian credit card
la cassa	cash desk
il centesimo, il cent	cent
il codice	barcode
il denaro	money
l'euro (m)	euro
il libretto di assegni	cheque book
la lira	former Italian currency
la lira sterlina	£, pound sterling
la mancetta	pocket money
la moneta	change; currency; coin
il portafoglio	wallet
il portamonete	purse
il prezzo	price
il resto	change
i soldi (mpl)	money
gli spiccioli (mpl)	small change

Comprare articoli di abbigliamento Buying clothes

il calzino	sock
la camicetta	blouse
la camicia	shirt
il cappello	hat
il cappotto	coat
il collant	pair of tights
la cravatta	tie
la giacca	jacket
la gonna	skirt
i jeans (mpl)	jeans
la maglia	pullover
la maglietta	T-shirt
le mutande (da uomo)	underpants
le mutandine (da donna)	panties
i pantaloni (mpl)	trousers
il pigiama	pair of pyjamas
il reggiseno	bra
gli scaldamuscoli	leggings

la scarpa	shoe
le scarpe da ginnastica	trainers
gli short	shorts
la sottoveste	slip
la tuta da ginnastica	tracksuit
il vestito	dress

l'abito (m) (da uomo)	(gents) suit
il bikini	bikini
la camicia da notte	nightdress
la cintura	belt
il completo	(gents) suit
il costume da bagno	swimsuit, swimming trunks
il foulard di seta	(silk) scarf
la giacca a vento	anorak
il gilet	waistcoat
il guanto	glove
l'impermeabile (m)	raincoat
la muffola	mitten
il panciotto	waistcoat
la pantofola	slipper
la salopette	dungarees
il sandalo	sandal
la sciarpa di lana	(woollen) scarf
il soprabito	overcoat
lo stivale	boot
il tailleur	(ladies) suit
la vestaglia	dressing gown

l'anello (m)	ring
la borsa	bag
la borsa canguro	bumbag
il bottone	button
la cerniera	zip fastener
la collana	necklace
il colletto	collar
il fazzoletto (di carta)	(paper) handkerchief
il fermacapelli	hair slide
la manica	sleeve
la misura	size (shoes)
la moda	fashion

l'ombrello (m) .... umbrella
gli orecchini .... earrings
l'orologio (m) .... watch
la taglia .... size (clothes)
la tasca .... pocket

Tessuti e materiali   **Fabrics and materials**

l'argento (m) .... silver
il cotone .... cotton
il cuoio .... leather
le fibre artificiali .... man-made fibres
la lana .... wool
il metallo .... metal
il nylon® .... nylon®
l'oro (m) .... gold
la pelle .... leather
la plastica .... plastic
la seta .... silk
il velluto .... velvet

Il trucco   **Make-up**
il fondo tinta .... foundation
il mascara .... mascara
l'ombretto (m) .... eye shadow
il profumo .... perfume
il rossetto .... lipstick
lo smalto per unghie ..... nail varnish
lo struccante .... make-up remover

Com'è?   **What's it like?**
a buon mercato .... cheap
caro .... expensive, dear
chiaro .... light (colour)
conveniente .... good value (of prices)
corto .... short
differente .... different
fresco .... cool, fresh
gratuito .... free
intero .... whole, complete
leggero .... light (weight)
lungo .... long
nuovo .... new

scuro .... dark (colour)
simile .... similar
stretto .... tight, narrow
uguale .... the same

d'occasione .... second hand
qualcosa di carino .... something pretty
qualcosa di meno caro ..... something cheaper
a righe .... striped

For **colours** see page 29
For **numbers** see page 93

Che taglia è?   **What size is it?**
Per donna   **For women**
il vestito .... dress
il tailleur .... suit
la maglia .... pullover

taglia 36 .... size 8
taglia 38 .... size 10
taglia 40 .... size 12
taglia 42 .... size 14
taglia 44 .... size 16
piccola (1) .... small
media (2) .... medium
grande (3) .... large

Per uomo   **For men**
il completo .... suit
la giacca .... jacket
taglia 46 .... size 36
taglia 48 .... size 38
taglia 50 .... size 39-40
taglia 52 .... size 42
taglia 54 .... size 44

la camicia .... shirt
taglia 36 .... size 14
taglia 37 .... size 14½
taglia 38 .... size 15
taglia 39/40 .... size 15½
taglia 41 .... size 16

All European sizes given are approximate

Che misura di scarpe ha?
What size shoes do you take?

la (misura) 37 .... size 4
la (misura) 37.5 .... size 4½
la (misura) 38 .... size 5
la (misura) 39 .... size 5½
la (misura) 39½. .... size 6
la (misura) 40 .... size 6½
la (misura) 40½ .... size 7
la (misura) 42 .... size 8
la (misura) 43 .... size 9
la (misura) 44½ .... size 10
la (misura) 45½ .... size 11
la (misura) 47 .... size 12

All European sizes given are approximate

Per chi è?   **Who is it for?**
è per me .... it's for me
è per un regalo .... it's for a present

Problemi   **Problems**
l'allagamento (m) .... flood
il buco .... hole
la fuga di gas .... gas leak
la garanzia .... guarantee
le istruzioni per il lavaggio
.... washing instructions
la perdita .... leak (liquids)
la pila .... battery (torch, etc)
il reclamo .... complaint
la ricevuta .... receipt

Aggettivi   **Adjectives**
troppo caro .... too expensive
troppo corto .... too short
troppo grande .... too big
troppo largo .... too wide
troppo stretto .... too tight, too narrow

bloccato .... jammed, stuck
bucato .... punctured
deluso .... disappointed
non funzionante .... broken down, not working

gentile .... kind
impossibile .... impossible
possibile .... possible
pratico .... practical
pronto .... ready
pulito .... clean
ristretto .... shrunk
rotto .... broken
solido .... strong, solid
molto spiacente .... very sorry
sporco .... dirty
strappato .... torn

Cosa non funziona?
What is broken/not working?

il computer *inv* .... computer
la lavastoviglie .... dishwasher
la lavatrice .... washing machine
il lettore CD/DVD .... CD/DVD player
la macchina fotografica .... camera
l'orologio (m) .... watch
la lampadina tascabile .. torch

A chi dobbiamo telefonare?
Who shall I ring?

l'elettricista (m, f) .... electrician
il, la garagista .... garage owner
il gestore .... manager
l'idraulico (m) .... plumber
il meccanico .... mechanic
il proprietario .... owner

Verbi utili   Useful verbs

aggiungere *irreg* .... to add
comprare .... to buy
controllare .... to check
costare* .... to cost
detestare .... to hate
essere* sufficiente *irreg* ...... to be enough
fare un pacco regalo *irreg* ... to gift wrap
funzionare .... to work, function
imballare .... to wrap up (to send)

lasciar cadere ....to drop
portare ....to bring
prendere *irreg* ....to take
preparare......................to prepare
promettere *irreg* ....to promise
raccommodare ....to mend
riparare ....to repair
riprendere *irreg* ....to take back
ritornare* ....to come back
rompere *irreg* ....to break
scegliere *irreg*.............to choose
verificare § ....to check
volere *irreg*..................to wish, want

accettare.......................to accept
affidare ....to entrust
calcolare ....to add up
conservare la ricevuta...to keep the receipt
contare ....to count
criticare §.....................to criticise
dividere *irreg*...............to divide

dovere *irreg* ....to owe
farsi* *irreg* rimborsare. to get one's money back
fare pulire *irreg*...........to have cleaned
fare riparare *irreg*........to have mended
fare un reclamo *irreg* ... to complain
fidarsi (di)* ....to trust
fissare...........................to fix
garantire (isc)..............to guarantee
lavare a secco..............to dry-clean
misurare ....to measure
pesare ....to weigh
piacere *irreg*................to please
preferire (isc)...............to prefer
prendere in prestito *irreg* ....to borrow
proporre *irreg*..............to suggest
provare ....to prove
regalare.......................to offer, give (present)
restringersi* *irreg* ....to shrink
strappare......................to tear, rip
truccarsi*.....................to put on make-up

Phrases

Il/La cliente dice:

Scusi, c'è una farmacia qui vicino? *Excuse me, is there a chemist nearby?*

Vende ...? *Do you sell ...?*

Ha **dello** zucchero, **della** farina, **dell'**olio d'oliva, **delle** uova, **dei** fiammiferi, **degli** zucchini?
  Have you any sugar, flour, olive oil, eggs, matches, courgettes?

Preferirei ... *I would prefer ...*

Prendo questo *I'll take this*

Quanto costa? *How much is it?*

Quanto Le devo? *How much do I owe you?*

Pago alla cassa? *Do I have to pay at the cash desk?*

Non ho moneta *I have no change*

Ho solo un biglietto da cinquanta (euro) *I've only got a 50 euro note*

Vorrei provare questa maglia, per favore *May I try on this jumper, please?*

È troppo grande/troppo stretto/troppo piccolo *It's too big/too tight/too small*

Posso pagare con la carta di credito? *May I pay by credit card?*

Le dispiace farmi un pacco regalo? *Can you gift-wrap it for me, please?*

È tutto, grazie *That's all, thank you*

Il commesso/La commessa dice:

A chi tocca? *Who is next?*

Desidera? *Can I help you?*

Nient'altro? *Anything else?*

Ha (della) moneta? *Have you any change?*

Che taglia ha? *What size are you? (clothes)*

Che misura di scarpe ha? *What size shoes do you take?*

Problemi:

C'è un errore *There is a mistake*

Vorrei cambiare questa gonna *I would like to change this skirt*

Ho tenuto la ricevuta *I have kept the receipt*

Il colore non mi sta bene *The colour does not suit me*

Scusi, questi calzini non sono della stessa misura *Excuse me, these socks are different sizes*

Ho seguito le istruzioni di lavaggio, ma questa maglia si è ristretta *I followed the washing instructions, but this jumper has shrunk*

Questo orologio non funziona più *This watch doesn't go any more*

SERVICES

All'ufficio postale At the post office

la buca delle lettere.......letter box
la cartolina..................postcard
il fermo posta...............poste restante
il francobollo...............stamp
il giorno......................day
l'indirizzo (m).............address
la lettera......................letter
la levata......................postal collection
il modulo.....................form
la moneta da due euro ..2 euro coin
il pacco.......................parcel
la posta.......................post, mail
il postino.....................postman
la prossima levata........the next collection
la settimana.................week
lo sportello...................counter position
la tabaccheria...............tobacconists
la tariffa normale..........first class post
la tariffa ridotta............second class post
la scheda telefonica da 50 unità
................................50 unit phone card
l'ufficio postale (m)......post office
l'ultima levata (f)..........the last collection
il vaglia postale............postal order

all'estero (m)...............abroad
per via aerea.................by air mail
perduto, perso..............lost
quanto, quanta?...........how much?
quanti, quante?............how many?
quanto tempo?.............how long?
raccomandata...............(by) registered post
urgente........................urgent

In banca   At the bank

l'assegno (turistico)......(travellers') cheque
la banca.......................bank
il Bancomat®..............cash dispenser
il biglietto da venti euro ... 20 euro note

la carta bancaria...........bank card
la carta di credito.........credit card
la cassa........................till
il centesimo, il cent......cent
la commissione............commission
il denaro......................money
il documento d'identità.... ID
l'euro (m)....................euro
il libretto d'assegni......cheque book
la lira...........................former Italian currency
la lira sterlina...............£ sterling
la moneta.....................change
il numero di conto........account number
il passaporto................passport
la percentuale..............percentage
il tasso di cambio.........exchange rate
l'ufficio cambio (m).....exchange office
la valuta......................currency

Verbi utili   Useful verbs

accettare......................to accept
cambiare §...................to change
compilare il modulo.....to fill in the form
contare.........................to count
distribuire (isc) la posta ... to deliver the post
entrare* in...................to go into
fare un errore *irreg*.......to make a mistake
firmare.........................to sign
imbucare §..................to post
incassare......................to cash
passare* alla cassa.......to go to the cash desk
prendere una commissione *irreg*
................................to charge commission
rispedire (isc)..............to send on
spedire (isc).................to send, post
telefonare....................to phone
usare............................to use
uscire* da *irreg*...........to go out of
valere *irreg*..................to be worth

Oggetti smarriti   Lost property

la bicicletta .... bicycle
la borsa .... handbag
la chiave .... key
il libretto degli assegni .....cheque book
la macchina fotografica....camera
l'ombrello (m).............. umbrella
il portafoglio................. wallet
il portamonete .... purse
la valigia....................... case
la videocamera .... video camera
lo zaino........................ rucksack

Dentro c'è … .... In it there is …
Dentro ci sono … .... In it there are …

il colore .... colour
il danno........................ damage
la data .... date
la descrizione .... description
il documento d'identità ....ID
la forma .... shape
la marca .... make
il modulo .... form
il passaporto .... passport
il regolamento .... settlement, rule
la ricompensa .... reward

una specie di .... a sort of
la taglia .... size

For **materials** see page 60

Verbi utili	**Useful verbs**
andare* *irreg*	to go
cercare §	to look for
dimenticare §	to forget
fare vedere *irreg*	to show
lasciar cadere	to drop
lasciare §	to leave
mettere *irreg*	to put
mostrare	to show
offrire *irreg*	to offer
perdere *irreg*	to lose
posare..........................	to put down
riempire......................	to fill in
rubare..........................	to steal
scendere* *irreg*	to go down
segnalare	to report
trovare.........................	to find
viaggiare §	to travel

For **telephone** see page 78
For **money** see page 79
For **office** see page 74

Phrases

Vorrei spedire questo pacco nel Regno Unito *I would like to send this parcel to UK*

Quanto costa mandare una lettera in Gran Bretagna? *How much does it cost to send a letter to Britain?*

Cinque francobolli per il Regno Unito, por favor *Five stamps for the UK, please*

Ho smarrito la (mia) macchina fotografica/il mio cellulare *I've lost my camera/my mobile phone*

L'ho lasciata nel treno *I left it in the train*

Mi hanno rubato il portamonete *I've had my purse stolen*

Devo andare in Commissariato? *Do I have to go to the police station?*

Non sono di queste parti *I am not from this area*

Sono in vacanza *I am on holiday*

TRANSPORT

Generale — General

l'accoglienza (f)............welcome, reception
all'estero (m)................abroad
le ferie (fpl) ....annual holiday, leave
il giorno festivo ....public holiday
il tragitto......................journey
le vacanze....................holidays
il viaggio......................journey

I mezzi di trasporto — Means of transport

l'aereo (m)....................plane
l'aliscafo (m)................hydrofoil, jetfoil
l'autobus (m)................bus
l'automobile (f)............car
la bici...........................bike
la bicicletta ....bicycle
la bicicletta fuoristrada.... mountain bike
il camion......................lorry
l'elicottero (m) ....helicopter
il furgone.....................van
l'hovercraft (m)............hovercraft
il macinino *coll*............banger (car)
la metropolitana............underground, metro
la moto.........................motorbike
la motocicletta..............moped
il motorino...................moped
il pullman ....coach
il tram ....tram
i trasporti pubblici (mpl) .. public transport
il treno ....train

Le persone — People

l'addetto (m) alla pompa della benzina
................................pump attendant
l'assistente di volo (m, f)...air steward(ess)
l'autista (m, f)..............driver
l'automobilista (m, f) ...motorist
il, la camionista ....lorry driver
il, la ciclista ....cyclist

il, la conducente ....driver
il controllore................ticket collector
il, la garagista..............garage owner, mechanic
il meccanico.................mechanic
il passeggero ....passenger
il pedone......................pedestrian
il, la pilota ....pilot
il poliziotto..................policeman
il portabagagli ....porter (station)
il, la turista ....tourist
il viaggiatore ....traveller
la viaggiatrice..............traveller

Viaggio in treno — Train travel

un' andata (f)...............a single ticket
un' andata (f) e ritorno ..... a return ticket
l'arrivo (m)...................arrival
i bagagli (mpl).............luggage
la biglietteria ....ticket office
il biglietto....................ticket
il binario......................platform
il cambiamento d'orario... timetable change
la carrozza ristorante.... dining car, buffet
il centro accoglienza .... reception
le coincidenze ....connections
la consegna (automatica)
................................left luggage (lockers)
la cuccetta ....sleeper, couchette
la destinazione ....destination
la ferrovia....................railway
(non-)fumatori..............(non-)smokers
le informazioni (fpl).....information
l'Intercity (m)..............Inter-City
l'orario (m)...................timetable
il parcheggio dei taxi ... taxi rank
la partenza...................departure
la prenotazione............reservation
la prima classe..............first class
il rapido.......................express
il ritardo ....delay

la rotaia......................track
la sala d'attesa..............waiting room
la seconda classe........second class
la stazione FF.SS.........railway station
il treno........................train
il treno regionale..........local train
il vagone letto...............sleeping car
la vettura.....................carriage

Prendiamo il bus o il tram
Bus or tram travel
l'altoparlante (m)..........loudspeaker
la biglietteria automatica
................................ticket vending machine
il biglietto....................ticket
il biglietto settimanale..weekly ticket
la convalidatrice...........ticket validating
                              machine
la fermata del bus.........bus stop
la linea.........................line, route
il numero......................number
la stazione degli autobus..bus station
la tariffa.......................fare

in direzione di ....going to ...
in partenza per ....departing for ...
proveniente da ....coming from ...

Attraversare la Manica
Crossing the Channel
il battello......................boat
il mal di mare...............seasickness
il mare.........................sea
la navetta.....................shuttle
il porto.........................port
la stazione marittima....ferry terminal
il traghetto...................car ferry
la traversata.................crossing
il tunnel sotto la Manica... Channel Tunnel

calmo...........................smooth
mosso..........................rough
in orario.......................on time
in ritardo......................late

Viaggiare in aereo Flying
l'aereo (m)...................plane
l'aeroporto (m).............airport
l'atterraggio (m)...........landing
la cabina.......................cabin
il cancello.....................gate
la chiamata...................call
la cintura di sicurezza......seat belt
la classe turistica..........tourist class
il decollo.....................take-off
l'imbarco (m)...............boarding
il jumbo.......................jumbo jet
il pirata dell'aria..........hijacker
la puntualità................punctuality
il ritardo......................delay
il terminale..................terminal
il volo..........................flight

Viaggiare in auto Going by car
l'autostrada (f).............motorway
il percorso alternativo.. holiday route
la rete autostradale.......motorway network
la strada panoramica.... scenic route
la strada secondaria...... secondary road
la strada statale (SS).... main road

l'area (f) di sosta..........picnic area
l'autorimessa (f)...........garage
a carta stradale.............road map
la curva.......................bend
la deviazione...............diversion
il documento d'identità....ID
la fine..........................end
i gabinetti....................toilets
l'imbottigliamento (m) traffic jam
l'incrocio (m)...............crossroads
l'ingorgo (m)...............hold-up
i lavori stradali.............roadworks
il marciapiede..............pavement
il numero.....................number
l'olio (lubrificante) (m).....oil

l'ora di punta (f) ....rush hour
il parcheggio...............car park, parking
il pericolo ....danger
il semaforo...................traffic lights
la stazione di servizio ...petrol station
la targa.........................number plate
la velocità ....speed

l'assicurazione (f).........insurance
l'autoscuola (f) ....driving school
il casco.........................helmet
il codice stradale..........highway code
la corsia centrale..........central reservation
il disco di parcheggio ...parking disc
il marciapiede..............pavement
la patente di guida ....driving licence
il pedaggio....................toll
la polizza d'assicurazione .. insurance policy
la precedenza................right of way, priority
la rotatoria ....roundabout
la segnalazione su strada .... road markings
la segnaletica ....road signs
il traffico lento.............slow moving traffic

L'automobile non funziona
                 My car has broken down
l'abbagliante (m) ....headlight
l'autosoccorso (m).......breakdown service
la batteria.....................battery
la chiave della vettura...car key
il freno ....brake
il fumo ....smoke
la gomma bucata ....puncture
il guasto ....breakdown
la marca.......................make
la marmitta ....silencer
il motore ....engine
il parabrezza ....windscreen
il pneumatico...............tyre
la portiera ....car door
il rumore......................noise
il serbatoio...................tank

l'acceleratore (m) ....accelerator

l'ala (f) ....wing
il catalizzatore.............catalytic converter
la cintura di sicurezza .. seat belt
il clacson ....horn
il cofano ....bonnet
il finestrino..................window
la frizione....................clutch
l'indicatore di direzione (m) ... indicator light
le luci posteriori ....rear lights
le marce.......................gears
il cambio ....gearbox
i paraurti......................bumpers
il pezzo di ricambio .....spare part
il portabagagli ....boot
il radiatore...................radiator
il retrovisore................rear view mirror
la ruota (di ricambio) ... (spare) wheel
il sedile........................seat
la serratura ....lock
i tergicristalli...............windscreen wipers
il volante ....steering wheel

anteriore ....front
posteriore ....back

Verbi utili   **Useful verbs**
attendere *irreg*.............to wait for
frenare di colpo ....to stop dead
funzionare ....to work
guastarsi* ....to break down
riparare.......................to repair, fix
scoppiare* § ....to burst (tyre)
telefonare (a)...............to phone

Alla stazione di servizio
                 ### At the petrol station
l'acqua (f)....................water
l'addetto alla pompa (m).. pump attendant
l'antigelo (m) ....anti-freeze
l'aria (f).......................air
la benzina ....petrol
la benzina con piombo ..... leaded petrol
la benzina senza piombo .. unleaded petrol

la bibita........................drink
il bidone dell'olio.........can of oil (large)
il carburante ....fuel
la carta (automobilistica/stradale) ...(road) map
il diesel ....diesel
il litro............................litre
il livello ....level
il lubrificante................oil
l'olio (m) ....oil
la pressione dei pneumatici ....tyre pressure

Un incidente   An accident

Le persone   People
"agente"........................"officer"
l'agente di polizia (m, f)... police officer
l'automobilista (m, f) .... car driver
il, la ciclista ....cyclist
il, la conducente di ambulanza
................................ambulance driver
il, la responsabile ....culprit
il dottore ....doctor
la dottoressa ....lady doctor
l'infermiera (f)..............nurse
il, la motociclista..........motorcyclist
il, la passante ....passer-by
il pedone......................pedestrian
il pompiere ....fireman
il, la testimone.............witness

Generale   General
l'alcotest (m) ....breath test
l'ambulanza (f)..............ambulance
la barella......................stretcher
il codice stradale ....highway code
la collisione ....collision
la colpa ....fault, responsibility
il commissariato ....police station
il consolato ....consulate
il danno........................damage
la dichiarazione ....statement
l'impatto (m)................impact
l'incidente stradale (m) ....car accident

l'indirizzo (m).............. address
la pattuglia di polizia ... police patrol
il pericolo.................... danger
il permesso.................. permission
la polizia (stradale) ...... (highway) police
il posto di polizia .... police station
la precedenza .... priority
i primi soccorsi (mpl) .. first aid
il problema.................. problem
il pullman.................... coach
il rischio .... risk
lo scontro a più auto .... pile-up
la scusa........................ excuse
il senso .... direction
il veicolo .... vehicle

For **weather** see page 51

È grave?   Is it serious?
senza conoscenza......... unconscious
falso .... false, wrong
ferito .... injured
grave .... serious
lentamente................... slowly
morto........................... dead
preoccupato................. anxious
sorprendente .... surprising
spiacente .... sorry
in stato di choc............ in shock
urgente .... urgent
velocemente................ quickly

Esclamazioni   Exclamations
Aiuto!........................... Help!
Al fuoco!...................... Fire!
Attenzione! .... Look out!
D'accordo! .... OK! Agreed!
Dio mio!...................... My goodness!
Non importa! .... Never mind!
Presto!.......................... Quickly!
Purtroppo!................... Alas!
Scusi! .... Sorry!

Verbi utili	Useful verbs
acquistare	to buy
andare* *irreg*	to go
andare* a piedi *irreg*	to walk, go on foot
andare* a prendere *irreg*	to fetch
atterrare*	to land (plane)
avanzare*	to go forward
camminare	to walk
cercare§	to look for
circolare	to keep moving (vehicle)
consultare	to consult
convalidare	to time stamp a ticket
decollare*	to take off (plane)
durare*	to last
fare il pieno *irreg*	to fill up with petrol
gonfiare § le gomme	to pump up the tyres
guidare	to drive
noleggiare §	to hire
parcheggiare §	to park
passare	to pass (time)
prendere l'aereo *irreg*	to fly (person)
salire* sul ponte *irreg*	to go up on deck
sorpassare	to overtake

arrivare*	to arrive
attendere §	to wait (for)
cambiare §	to change
controllare	to examine, check
partire* (da) *irreg*	to leave (from)

perdere *irreg*	to miss (train)
prendere il treno *irreg*	to catch the train
salire* (in) *irreg*	to get on/into
scendere* (da) *irreg*	to get off/out of
trovare posto	to find a seat
viaggiare § in treno	to go by train
viaggiare § seduto	to have a seat all the way
viaggiare § in piedi	to have to stand all the way

accendere i fari	to switch on the headlights
andare* in macchina *irreg*	to drive, travel (in car)
attraversare	to cross
avere un guasto *irreg*	to break down
cambiare § marcia	to change gear
fare retromarcia *irreg*	to reverse
fermarsi*	to stop
frenare	to brake
informarsi* (su)	to find out (about)
investire	to knock over
mettere (il motore) in marcia *irreg*	to start the engine
rallentare	to slow down
rientrare*	to return home
schiantarsi* (contro)	to crash (into)
spegnere il motore *irreg*	to switch off the engine
suonare il clacson	to sound the horn
trovarsi*	to be situated
uscire* *irreg*	to go out

Phrases

Il treno parte dal binario 8 *The train leaves from platform 8*

Il treno parte alle dodici e trenta, a mezzogiorno *The train leaves at 12.30, midday*

Devo cambiare treno? *Do I have to change?*

Vorrei un'andata e ritorno in seconda, per favore *I would like a second class return, please*

Dove si può parcheggiare? *Where can I park?*

Trenta litri senza piombo, per favore *30 litres of lead-free, please*

Ho un guasto alla macchina *My car has broken down*

Il motore non parte *The engine will not start*

Prenderò l'aereo da Londra a Napoli *I'm flying from London to Naples*

EDUCATION AFTER 16

Gli esami e dopo
Exams and afterwards

Generale	General
la concentrazione	concentration
la domanda	question
l'esame (m)	examination
il lavoro	work
la memoria	memory
la prova per esame	mock exams
la prova orale	speaking test
la prova scritta	written test
la risposta	answer
la risposta corretta	right answer
la risposta errata	wrong answer
la sufficienza	pass mark
il voto	mark

Le persone	People
l'apprendista (m, f)	apprentice
il candidato	candidate
l'esaminatore (m)	examiner
l'esaminatrice (f)	examiner
il professore	teacher
la professoressa	teacher
lo studente	student
la studentessa	student
il, la tirocinante	trainee

Aggettivi	Adjectives
difficile	difficult
divertente	amusing, fun
individuale	individual
in gruppo	as a group
noioso	boring
prossimo	next
ultimo	last

Verbi utili	Useful verbs
dare un esame *irreg*	to take an exam
essere* bocciato *irreg*	to fail an exam
essere* promosso *irreg*	to pass an exam
fare tirocinio *irreg*	to do work experience
lavorare	to work
prepararsi* per	to prepare for
ripassare	to revise
rispondere alla domanda *irreg*	to answer the question
studiare §	to study

L'ultimo anno di liceo
Going into the Sixth Form

l'insegnamento (m)	teaching
l'istituto tecnico (m)	FE college
l'istituto tecnico-professionale (m)	FE college
la licenza media	GCSE equivalent
il liceo	Sixth Form/tertiary college
le lingue	languages
il livello	level
la maturità	A level equivalent
le scienze	sciences
gli studi letterari	literary studies
gli studi scientifici	scientific studies

Gli studi universitari
Higher education

l'accademia militare (f)	army college
l'accademia navale (f)	navy college
il conservatorio	music academy
il diploma universitario	degree
la facoltà di lettere	faculty of arts
la facoltà di medicina	medical school
la facoltà di scienze	faculty of science
la laurea	degree
l'università (f)	university

Il tirocinio — Training

l'apprendistato (m)	apprenticeship
la concorrenza	competition
i corsi serali	evening classes
il programma di formazione dei giovani	youth training scheme

la formazione professionale
...............................vocational training
lo stage di formazione ..training course

Verbi utili　　　**Useful verbs**
avere buone referenze *irreg*
..............................to have good references
conseguire un diploma universitario
.................................to graduate

fare studi universitari *irreg*
.... to read for a degree
fare uno stage di formazione *irreg*
...............................to go on a training course
frequentare un corso di formazione
...............................to attend a training course
laurearsi*.....................to graduate

PROFESSIONS, FINDING A JOB

Generale　　　General

gli affari (mpl)..............business
la carriera.....................career
il commercio.................trade
la disoccupazione ....unemployment
il gruppo di lavoro........team
l'impiego (m) ....job, post
il lavoro a tempo parziale ... part-time work
il lavoro a tempo pieno....... full-time work
il lavoro precario ....temporary work
la paga ....pay
la patente di guida ....driving licence
la personalità ....personality, character
il posto (di lavoro)........situation, job
la somma di denaro ......sum of money
lo stipendio...................salary
il volontariato ....voluntary work

Fare domanda d'impiego
Applying for a job

il cognome....................surname
il colloquio ....interview
il curriculum vitæ.........CV, curriculum vitæ
la data di nascita ....date of birth
il diploma universitario .... degree
la lettera.......................letter

il luogo di nascita......... place of birth
il mestiere.................... profession
il nome (di battesimo).. first name
le qualifiche professionali
............................professional qualifications
le referenze.................. references
la scrittura .... handwriting
la scomposizione in lettere... spelling
lo stato di famiglia .... family status

Verbi utili　　　**Useful verbs**
accusare ricevuta di...... to acknowledge
　　　　　　　　　　receipt of a letter
consigliare §................. to advise
distribuire (isc)............. to give, hand out
fare lavoro volontario *irreg* ...to do voluntary work
fare uno stage *irreg*...... to do work experience
lavorare .... to work
rispondere a un annuncio *irreg*
...............................to answer an advert

Le persone　　　People

l'apprendista (m, f) ...... apprentice
il capo *coll*................... boss
il capo d'impresa.......... person in charge of
　　　　　　　　　　business
il, la collega................. colleague

il datore di lavoro .... employer
il direttore .... director, manager
il direttore commerciale ... sales manager
il direttore del personale
.... personnel director
il direttore di marketing
.... marketing director
la direzione .... management
il disoccupato .... unemployed person
la gestione .... management
l'impiegato (m) .... employee
l'imprenditore (m) .... businessman
l'imprenditrice (f) .... businesswoman
lo, la scioperante .... striker
il segretario .... secretary
il, la sindacalista .... trade unionist
il, la tirocinante .... trainee

I mestieri   Jobs
Professioni   **Professions**
l'assistente sociale (m, f).. social worker
l'avvocato (m, f).......... lawyer
il, la contabile .... accountant
il, la dentista .... dentist
il direttore .... director
la direttrice .... director
il dottore .... doctor
la dottoressa .... doctor
il funzionario .... civil servant
il, la giornalista .... journalist
l'infermiere (m) .... nurse
l'informatico (m) .... computer scientist
l'ingegnere (m) .... engineer
l'insegnante (m, f) .... teacher
il medico .... doctor
il, la musicista .... musician
il pittore .... painter
la pittrice .... painter
il politico .... politician
il, la preside .... headteacher
il professore .... teacher, lecturer
la professoressa .... teacher, lecturer

il, la progettista .... designer
il programmatore .... programmer
la programmatrice .... programmer
lo scienziato .... scientist
il veterinario .... vet

Altre professioni   **Other professions**
l'animatore (m) .... organiser, presenter
                               (holiday villages)
l'animatrice (f) .... organiser, presenter
l'architetto (m, f) .... architect
il bibliotecario .... librarian
il biologo .... biologist
il chirurgo .... surgeon
il, la consulente .... consultant
il decoratore di interni ...... interior designer
la decoratrice di interni ..... interior designer
la donna d'affari .... business woman
il, la fisioterapista .... physiotherapist
l'interprete (m, f) .... interpreter
il meteorologo .... meteorologist
il ricercatore .... research worker
la ricercatrice .... research worker
lo scrittore .... writer
la scrittrice .... writer
l'uomo d'affari (m).......... businessman

In città   **In the high street**
l'agente di viaggi (m, f) .... travel agent
l'agente immobiliare (m, f).... estate agent
l'albergatore (m) .... hotelier
l'albergatrice (f) .... hotelier
il cassiere .... till operator, cashier
il, la commerciante ...... shopkeeper
il commesso .... sales assistant
il, la farmacista .... chemist
il fioraio .... florist
il fornaio .... baker
il fotografo .... photographer
il fruttivendolo .... fruitseller, greengrocer
il, la garagista .... garage owner
il gestore d'albergo ...... hotel manager
il giornalaio .... newsagent

il macellaio .... butcher
il panettiere .... baker
il parrucchiere .... hairdresser
il pescivendolo .... fishmonger
il salumiere .... delicatessen owner

Lavoratori qualificati   Skilled workers
l'artigiano (m) .... craftsman
il costruttore .... builder
il cuoco .... cook
il dattilografo .... typist
l'elettricista (m, f) .... electrician
il falegname .... carpenter
il giardiniere .... gardener
l'idraulico (m) .... plumber
l'impiegato (m) .... office worker
il meccanico .... mechanic
il segretario .... secretary
il tecnico .... technician

Altre occupazioni   Other occupations
l'agente di polizia (m, f) .... policeman
l'agricoltore (m) .... farmer
l'agricoltrice (f) .... farmer
l'arbitro (m) .... referee
l'assistente di volo (m, f) .... air hostess, steward
l'autista d'autobus (m, f) .... bus driver
l'autista di ambulanza (m, f)
.... ambulance driver
l'autista di taxi (m, f) .... taxi driver
il bagnino .... lifeguard
il cameriere .... waiter
il, la camionista .... lorry driver
il, la cantante .... singer
il capo .... chef; boss
la casalinga .... housewife
il, la custode .... caretaker
il dietologo .... dietician
il, la dirigente .... executive
l'istruttore (m) .... instructor
l'istruttrice (f) .... instructress
il marinaio .... sailor
il militare .... soldier

il minatore .... miner
l'operaio (m) .... worker
il pescatore .... fisherman
il, la pilota .... pilot
il poliziotto .... policeman
il pompiere .... fireman
il postino .... postman

Il luogo di lavoro   The workplace
l'azienda (f) .... firm, company
la fabbrica .... factory
l'impresa (f) .... firm, company
il laboratorio .... laboratory
il negozio .... shop
l'ospedale (m) .... hospital
la scuola .... school
l'ufficio (m) .... office

all'esterno (m) .... outdoors
all'interno (m) .... indoors

For **list of shops** see page 54
For **places of education** see page 1
For **other buildings** see page 47

In ufficio   In the office
l'agenda (m) .... diary
l'appuntamento (m) ..... appointment
la busta .... envelope
il computer *inv* .... computer
la cucitrice .... stapler
l'elenco (m) telefonico . phone book
il facsimile .... fax
il foglio di carta .... sheet of paper
l'inchiostro (m) .... ink
la macchina fax .... fax machine
il modulo .... form
il numero di fax .... fax number
il numero di telefono .... phone number
la posta .... post, mail
il proiettore .... (overhead) projector
i punti .... staples

la riunione .... meeting
la segreteria telefonica ..... answering machine
il sindacato .... union
il timbro .... rubber stamp

For **other ICT words** see page 34

Avvisi   Signs and notices

Aperto .... Open
Chiuso .... Closed
Donne .... Ladies' toilets
Entrata .... Entrance
Pericolo (di morte) .... Danger
Ricezione .... Reception
Segreteria .... Secretary
Spingere .... Push
Suonare il campanello .. Ring the bell
Tirare .... Pull
Uomini .... Men's toilets
Uscita .... Way out, Exit
Uscita di soccorso .... Emergency exit
Uscita fabbrica .... Factory gate
Vietato fumare .... No smoking
Vietato l'ingresso .... No entry

Vantaggi e svantaggi
Advantages and disadvantages

il contratto di lavoro ..... contract of
                                 employment
il lavoro precario .... job with no security
il lavoro all'aperto .... outdoor work
il lavoro all'interno ...... indoor work
il lavoro alla catena (di montaggio)
       .... assembly-line work
il lavoro sedentario .... a desk job
l'orario di lavoro (m) ... hours of work
la tredicesima .... 13th month salary
                                 (at Christmas)

Verbi utili   Useful verbs
acquisire (isc) esperienza
       .... to broaden one's experience
aiutare la gente .... to help people

andare* sulla scena di incidenti *irreg*
       .... to go to scene of accident
arricchirsi* .... to get rich
avere molti contatti umani *irreg*
       .... to have a lot of contact with people
coltivare i contatti .... to network
essere* isolato *irreg* ..... to be isolated
fare i turni di notte *irreg* ... to do night shifts
fare ricerca *irreg* .... to do research
indossare un' uniforme .... to wear uniform
inserire (isc) i dati nell'ordinatore
       .... to key in data
lavorare a tempo parziale ..... to work part-time
lavorare a tempo pieno
       .... to work full-time
lavorare al fine settimana .. to work weekends
lavorare all'aperto .... to work outdoors
lavorare con le cifre ..... to work with figures
lavorare giorno e notte . to work day and night
lavorare in proprio .... to be self-employed
lavorare la sera .... to work evenings
ricevere mance .... to get tips
usare il computer .... to use the computer
viaggiare § in tutto il mondo
       .... to travel round the world

Qualità   Qualities

l'abilità manuale (f) ..... manual dexterity
l'affidabilità (f) .... reliability
la capacità di valutazione .... judgement
la cortesia .... politeness
l'intelligenza (f) .... intelligence
la pazienza .... patience
la bella presenza .... smart appearance
la resistenza alla fatica . not easily tired
la (buona) salute .... good health
il senso artistico .... artistic sense
il senso dell'umorismo sense of humour

affidabile .... reliable
cortese .... polite
esperto .... experienced
inesperto .... inexperienced

intelligente...................intelligent
lavoratore, lavoratrice...hard-working
onesto ....honest
paziente ....patient

Verbi utili   **Useful verbs**
andare* in pensione *irreg*... to retire
arrivare* in ritardo........to be late
arrivare* puntuale.........to arrive on time
avere bella presenza *irreg* .. to look smart
cooperare.....................to cooperate

essere* ben organizzato *irreg*
.... to be well-organised
essere* disoccupato *irreg* ...to be unemployed
fare sciopero *irreg*........ to go on strike
guadagnare................... to earn
interessarsi* di informatica
.... to be interested in ICT
lavorare .... to work
licenziare § .... to lay off, make redundant
mandare un fax .... to fax, send a fax
rispettare i clienti .... to have respect for the customer

---

Phrases

Che cosa farai l'anno prossimo? *What are you going to do next year?*

Lascio la scuola *I'm going to leave school*

Lavorerò come costruttore con mio padre *I'm going to work as a builder with my father*

Lavorerò come apprendista *I am going to do an apprenticeship*

Vorrei andare all'università *I would like to go to university*

Studierò lingue straniere *I'm going to do modern languages*

Mi parli delle Sue esperienze di lavoro volontario *Could you tell me about your experiences as a voluntary worker?*

ADVERTISING

Dove si trova la pubblicità?
Where do you find advertising?

il cartellone (pubblicitario) ....hoarding
il catalogo....................catalogue
il cinema.......................cinema
il giornale ....newspaper
l'opuscolo (m)..............brochure
il periodico ....magazine
la radio ....radio
la rivista (illustrata)......glossy magazine
la televisione ....television

Generale   General

l'appartamento (m).......flat
l'automobile (f)............car
la bici(cletta) ....bike
la bicicletta fuoristrada.....mountain bike
la casa..........................house
le casa per vacanze.......holiday home
il consumatore..............consumer
la consumatrice ....consumer
la convenienza..............good value
la freschezza................freshness
il gioco di parole ....pun, play on words
il matrimonio...............marriage
la morte ....death
la nascita......................birth
il noleggio ....hiring, hire
la perdita di tempo ....waste of time
il piacere......................pleasure
i piccoli annunci...........small ads
i prezzi bassi................low prices
i prodotti......................products
la qualità......................quality
la ricompensa ....reward
lo slogan pubblicitario..advertising slogan
la vacanza....................holiday
il valore ....value
la velocità ....speed
la vendita.....................sale

Aggettivi   Adjectives

a buon mercato ....cheap
a noleggio ....for hire
conveniente.................good value (price)
d'occasione.................second hand
divertente....................amusing
in liquidazione ....in the sales
in promozione..............on special offer
in vendita ....for sale
istruttivo......................instructive
interessante ....interesting
meno caro ....less expensive
molto per poco............a lot for little
nuovo ....new
nuovo di zecca ....brand new (just made)
prezzo trattabile ....price negotiable
stupido ....stupid
utile.............................useful

Secondo me   In my opinion

Mi annoia....................I find it boring
Mi dà sui nervi............It gets on my nerves
Mi diverte ....I find it funny
Mi fa arrabbiare ....It makes me angry
Mi fa ridere ....It makes me laugh

Verbi utili   Useful verbs

acquistare....................to buy
affittare ....to rent
approfittare di ....to take advantage of
comprare ....to buy
creare un desiderio.......to create a desire
desiderare....................to want
noleggiare § ....to hire
offrire *irreg*................to offer
perdere *irreg* ....to lose
ricercare § ....to research
ritrovare ....to find again, get back
scambiare § ....to exchange
vendere ....to sell

PHONING

Generale   General

l'abbonato (m).............subscriber
la cabina telefonica.......call box
il cellulare...................mobile phone
il, la centralinista.........operator
il, la chiamante............caller
la chiamata urgente.......emergency call
l'elenco (m) telefonico.... directory
la fessura....................slot
la macchina fax ....fax machine
la moneta....................coin
il numero....................number
il numero di fax...........fax number
il numero sbagliato.......wrong number
la posta elettronica........email
il prefisso...................code
il ricevitore ....handset, receiver
la segreteria ....voicemail
la segreteria telefonica..... answering machine
il servizio informazioni
..............................directory enquiries
lo smartphone..............smartphone
la tariffa......................rate, charge
la scheda telefonica ......phonecard
la telefonata ....phone call
il telefonino ....mobile phone
il telefono ....telephone
il telefono pubblico ......payphone
la tonalità....................dialling tone
il trasferimento di chiamata
..............................transfer charge call
un SMS *inv*..................a text message

Pronto ...."Hello"(on the phone)
Attenda la tonalità
.... Wait for the dialling code
Componga il numero ...
..............................Dial the number ...
Resti in linea................Hold the line

fuori servizio...............out of order
occupato.....................busy, engaged

For **numbers** see page 93

Dove si può comprare una carta telefonica?
Where can I buy a phonecard?

al bar ....at the café
all'edicola (m)..............at the news stand
in tabaccheria...............at the tobacconist's
all'ufficio postale (m) .. at the post office

Verbi utili   Useful verbs

ascoltare ....to listen
avere la comunicazione interrotta *irreg*
..............................to be cut off
chiamare......................to call
chiedere *irreg*..............to ask
comporre il numero *irreg*....to dial the number
comprare ....to buy
essere* nell'elenco telefonico *irreg*
..............................to be in phone book
fare una chiamata a carico dell'abbonato *irreg*
.....................to make a transfer charge call
lasciare § un messaggio ... to leave a message
mandare un SMS..........to send a text
mandare un tweet........to tweet
munirsi* di..................to provide oneself with
non apparire sull'elenco *irreg*
..............................to be ex-directory
ottenere un numero *irreg* ....to get a number
parlare ....to speak
riattaccare §.................to hang up
richiamare ....to call back
sollevare il ricevitore ... to lift the handset
suonare........................to ring (of phone)
telefonare ....to phone

Phrases

È un telefono a scheda? *Is it a cardphone?*

Pronto, posso parlare con David, per favore? *Hello, may I speak to David, please?*

Pronto, sono David *David speaking*

Vuole lasciare un messaggio? *Would you like to leave a message?*

La/ti/vi cercano al telefono *You are wanted on the phone*

Per telefonare in Regno Unito deve comporre lo 0044, poi il prefisso della città senza lo zero, poi il numero dell'abbonato *To phone the UK, dial 0044, then the area code without the 0, and then the number of the subscriber*

MONEY

Generale	General
il biglietto (di banca)	note
il bilancio	budget
il denaro	money
il denaro contante	cash
la mancetta	pocket money
la moneta	coin
il resto	(small) change
la valuta	currency
la banca	bank
il Bancomat®	cashpoint
la banconota	banknote
la Borsa	Stock Exchange
la cassa di risparmio	savings bank
il costo della vita	cost of living
l'inflazione (f)	inflation
il mutuo	mortgage
il prestito	loan
i soldi (mpl)	money
l'ufficio (m) di cambio	exchange
l'assegno (m)	cheque
l'assegno traveller's (m)	travellers' cheque
la carta bancaria	banker's card
la carta di credito	credit card

il codice segreto	PIN number
il conto corrente	current account
il conto di risparmio	savings account
il libretto di assegni	cheque book
il tasso del cambio	exchange rate
il centesimo, il cent	cent
il dollaro	dollar
l'euro (m)	euro
il franco svizzero	Swiss franc
la lira	former Italian currency
la lira sterlina	£, pound sterling

Verbi utili	Useful verbs
acquistare	to buy
avere corso legale *irreg*	to be legal tender
cambiare §	to change
essere* allo scoperto *irreg*	to be overdrawn
fare delle economie *irreg*	to save up
fare un prestito *irreg*	to borrow
pagare §	to pay
pagare § un debito	to pay off a debt
prestare	to lend
rimborsare	to pay back
spendere *irreg*	to spend money
valere* *irreg*	to be worth

HOLIDAYS

Generale   General

l'autunno (m)...............autumn
la data ....date
l'estate (f) ....summer
la festa civile ....national holiday
il giorno ....day
l'inverno (m) ....winter
il mese ....month
la notte........................night
la primavera.................spring
la settimana..................week

Il turismo   Tourism

la colonia estiva...........summer camp (children)
l'escursione (f) ....outing
l'escursione a piedi (f)..long walk
la fiera.........................funfair
la gita scolastica ....school trip
la mezza pensione ....half board
l'oasi naturalistica (f) ...safari park
il parco divertimenti .....amusement park
il parco nazionale ....national park
la passeggiata...............walk
la pensione completa....full board
il percorso....................itinerary
il picnic.......................picnic
il prezzo.......................price
la regione.....................region
lo scambio ....exchange
il silenzio.....................silence
il soggiorno..................stay
la traversata ....crossing
le vacanze ....holidays
il viaggio......................journey

l'aeroporto (m) ....airport
l'agenzia di viaggio (f).....travel agent
l'albergo (m)................hotel
l'appartamento per vacanze (m)
................................self-catering flat

l'azienda (f) di soggiorno.......local tourist office
la banca ....bank
il cambio ....exchange (currency)
il campeggio................camp site
l'ente turismo (m) ....information office
l'ostello della gioventù (m)....youth hostel
la pensione ....boarding house
il porto........................port
la stazione ....station
la stazione degli autobus.. bus station
l'ufficio informazioni (m)......information office
l'ufficio turismo (m) .... tourist office

l'assegno traveller's (m) .. traveller's cheque
il camper ....motorhome, Dormobile®
la carta d'identità ....identity card
la carta della regione....map of the region
la cartina della città......town plan
la foto(grafia)..............photo
la macchina fotografica ... camera
l'opuscolo (m)..............brochure
il passaporto.................passport
la roulotte ....caravan
la tenda........................tent
la tessera d'associazione .. membership card
la valigia......................case
la videocamera.............camcorder
lo zaino ....rucksack

La gente   People

l'autista di pullman (m, f).... coach driver
il bagnino ....lifeguard
il cameriere ....waiter
il campeggiatore...........camper
la commessa.................sales assistant
il commesso ....sales assistant
il, la capogruppo ....group leader
il guardiano dell'ostello ... youth hostel warden
il padrone ....owner
il proprietario ....owner

il, la responsabile .... person in charge
il, la ricezionista .... receptionist
il, la turista .... tourist
i vacanzieri .... holiday makers

L'alloggiamento   Lodging

Partecipare a uno scambio
                    Going on an exchange
l'amico di penna (m).... penfriend
l'amica di penna (f) ...... penfriend
il cibo .... food
i compiti (mpl) .... homework
la cucina inglese .... English cooking
la cucina italiana .... Italian cooking
la divisa scolastica........ school uniform
la durata....................... length (stay, lesson)
l'escursione (f) .... outing
la famiglia inglese .... English family
la famiglia italiana........ Italian family
le lezioni...................... lessons
la mancetta .... pocket money
il professore.................. teacher, lecturer
il programma................ programme
la scuola .... school
gli sport .... sports
il tempo libero .... free time
il viaggio .... journey

paragonare a .... to compare, contrast

L'ostello della gioventù
                    Youth hostel
l'acqua calda (f) .... hot water
la biancheria .... linen
il cassonetto dei rifiuti.. rubbish bin
la coperta .... blanket
la cucina .... kitchen
il dormitorio .... dormitory
il refettorio .... dining room
il soggiorno .... day room
l'ufficio (m).................. office

Il campeggio   Campsite
l'acqua potabile (f).......... drinking water
l'acqua non potabile (f).... non drinking water
l'allacciamento (m)...... electric hook-up
l'attrezzatura da campeggio (f)
.... camping equipment
la bacinella................... washing bowl
il blocco toilette .... toilet block
la bombola a gas .... gas cyclinder
il bucato .... laundry
il campeggiatore .... camper
il campeggio .... campsite, camping
il coltellino.................. pocket knife
la cucina a gas.............. gas cooker
l'elettricità (f).............. electricity
i fiammiferi .... matches
il fuoco da campo .... camp fire
il lavaggio .... washing (clothes)
la lavatrice .... washing machine
il lavello .... washing up sink
il lettino da campo .... camp bed
il noleggio bici............. cycle hire
i piatti da asporto .... cooked take-away meals
la pila .... torch
la piscina (riscaldata) ... (heated) swimming pool
la piscina all'aperto...... open air pool
la piscina coperta .... indoor pool
il posto tenda............... pitch
le provviste .... food, provisions
la ricezione.................. reception
la roulotte .... caravan
il sacco a pelo .... sleeping bag
la sala da giochi .... games room
il supplemento .... supplement
la tenda........................ tent
la tessera di campeggio.... camping carnet
il veicolo .... vehicle

In albergo   **At a hotel**
l'ascensore (m) ....lift
il bagno........................bath
la camera (doppia)........(double) room
la chiave ....key
il corridoio....................corridor
la doccia ....shower
l'entrata (f) ....entrance
i gabinetti......................toilets
il letto ....bed
il letto matrimoniale .....double bed
il modulo ....form
il parcheggio.................car park
il piano.........................storey, floor
il piano terreno ....ground floor
il prezzo.......................price
la ricezione ....reception
il ristorante ....restaurant
la sala da bagno ....bathroom
la scala.........................stairs
il sottosuolo ....basement
il televisore ....TV set
l'uscita (f) di soccorso..emergency exit

l'armadio (m) ....wardrobe
l'asciugamano (m)........towel
la coperta ....blanket
il cuscino ....pillow
le lenzuola (fpl) ....sheets
il lenzuolo (m)..............sheet
il portabiti....................coathanger
il sapone ....soap
il telefono ....telephone

Per quanto tempo?   **For how long?**
il giorno ....day
il mese ....month
la notte.........................night
la settimana..................week
due settimane...............fortnight

per tre giorni ....for three days
per quattro notti ....for four nights

Per quante persone?   **For how many?**
l'adulto (m) ....adult
il bambino ....child
sotto i tre anni ....under three
la ragazza ....girl
il ragazzo.....................boy
la persona ....person

For **numbers** see page 93
For **countries, towns, regions** see page 91
For **expressing opinions** see page 40

Quando siete andati?   **When did you go?**
l'anno scorso (m) ....last year
l'altro ieri ....the day before yesterday
ieri ....yesterday
due mesi fa..................two months ago
quindici giorni fa..........a fortnight ago
la settimana scorsa ....last week
durante il fine settimana... during the weekend

Quando andrete?   **When will you be going?**
a Natale ....at Christmas
a Pasqua ....at Easter
in agosto......................in August
fra una settimana..........in a week's time
fra tre mesi ....in three months' time
domani ....tomorrow
l'anno prossimo (m).....next year
durante le vacanze estive
.....................during the summer holidays
la settimana prossima... next week
dopodomani ....the day after tomorrow

Con chi?   **With whom?**
la famiglia ....family
l'amico (m) ....friend
l'amico di penna (m)....penfriend
il compagno ....friend
i cugini ....cousins
i colleghi ....workmates

For **other family words** see page 27

Cosa avete mangiato? What did you eat?

la colomba .... Easter cake
la cotoletta alla milanese .. schnitzel
la cucina cinese .... Chinese cooking, food
la cucina indiana .... Indian cooking, food
la cucina italiana .... Italian cooking, food
i frutti di mare (mpl) .... shellfish
l'hamburger (m) .... hamburger
l'insalata mista (f) .... mixed salad
le melanzane al forno ... baked aubergines
la minestra di legumi .... vegetable soup
la pasta al forno .... oven-baked pasta
il panettone .... Italian Christmas cake
il petto di tacchino .... breast of turkey
il pollo alla cacciatora .. chicken hunter-style
la specialità regionale ... local speciality
la zuppa di pesce .... fish soup

For **recipe words** see page 58
For **other foods** see pages 24, 55

Al mare   **At the seaside**

il bagnino .... lifeguard
la barca (da pesca) .... (fishing) boat
la barca a motore .... motor boat
la barca a remi .... rowing boat
la cabina .... beach hut
la canna da pesca .... fishing rod
il cappello da sole .... sunhat
il castello di sabbia .... sandcastle
le conchiglie .... shells
il gabbiano .... seagull
il gelataio .... ice cream seller
il gelato .... ice cream
il gommone .... inflatable dinghy
la medusa .... jellyfish
gli occhiali da sole .... sunglasses
l'olio solare (m) .... sun oil
l'onda (f) .... wave (sea)
la palctta .... spade
il panfilo .... yacht
il pedalò .... pedalo
le pietre .... shingle

il riccio .... sea urchin
la sabbia .... sand
il salvagente .... lifebelt
il secchiello .... bucket
la sedia a sdraio .... sunbed, deckchair
il soccorso d'emergenza ... first aid post
la spiaggia .... beach
la spiaggia (non) sorvegliata
            .... (un)supervised beach
la tavola a vela .... sailboard
il veliero .... sailing ship

la banchina .... quay
la bassa marea .... low tide
il faro .... lighthouse
il mare .... sea
l'alta marea (f) .... high tide
il pescatore .... fisherman
il porto .... port
il porto per imbarcazioni .. yacht marina
la scogliera .... cliff

Gli sport invernali Winter sports

Le persone   **People**

il, la principiante .... beginner
la guida .... guide (m, f)
l'istruttore di sci (m) .... ski instructor
l'istruttrice di bob (f) ... bob instructor
lo sciatore .... skier
la sciatrice .... skier

La stazione sciistica   **Ski resort**

lo chalet .... chalet
il fiocco di neve .... snowflake
l'impianto di risalita (m) ... ski lift
la montagna .... mountain
il negozio di sci .... ski shop
la neve .... snow
la palla di neve .... snowball
il pendio .... slope
la pista .... piste, ski run
la pista di pattinaggio ... ice rink
il pupazzo di neve .... snowman

la sciovia......................T-bar
la seggiovia..................chair lift
lo snowboard...............snowboard
lo spazzaneve ....snow-plough
la teleferica..................cable car
la tempesta di neve.......snowstorm
la valanga ....avalanche

L'attrezzatura da sci Skiing equipment
il bastoncino da sci.......ski pole
il berretto (di lana)........(woollen) hat
il guanto.......................glove
i pantaloni da sci..........ski pants
la salopette...................salopette
gli scarponi da sci........ski boots
lo sci *inv* ....ski

Le escursioni   Outings
La riserva safari   Safari park
l'animale (m)................animal
il pesce.........................fish
il rettile ....reptile
l'uccello (m).................bird

l'artiglio (m)................claw
la coda ....tail
il muso.........................face (animal)
il tronco ....trunk
la zampa ....paw

il cammello...................camel
il coccodrillo................crocodile
l'elefante (m)................elephant
la foca ....seal
la giraffa ....giraffe
il leone.........................lion
la lontra........................otter
il lupo ....wolf
l'orso (m) (polare)........(polar) bear
il rinoceronte ....rhinoceros
la scimmia ....monkey
lo scimpanzé................chimpanzee
il serpente ....snake
la tigre..........................tiger

equatoriale...................equatorial
marino.........................marine
polare ....polar
tropicale ....tropical

La fattoria e il bosco Farm and woodland
il campo ....field
la grangia.....................barn
la stalla ....stable

l'agnello (m) ....lamb
l'anatra (f)....................duck
l'asino (m)....................donkey
il cane..........................dog
la capra........................goat
il cavallo......................horse
il coniglio.....................rabbit
la gallina......................hen
il gallo ....cockerel
il gatto ....cat
il maiale ....pig
la mucca.......................cow
l'oca (f) ....goose
la pecora.......................sheep
il pulcino ....chick
la rana..........................frog
il ranocchio ....toad
il riccio ....hedgehog
lo scoiattolo.................squirrel
il tacchino....................turkey
il topo ....rat
il topolino....................mouse
il toro...........................bull, bullock
il vitello.......................calf
la volpe........................fox

For **insects** see page 89

Il picnic	Picnic
Dove andate?	**Where are you going?**

l'area per picnic (f)....... picnic area
alla spiaggia................. to the beach
in campagna .... into the country
in montagna................. to the mountains
nella foresta .... in the forest

For **weather** see page 51
For **food and drink for a picnic** see page 55

Com'era?	**What was it like?**

affollato .... crowded
al sole .... sunny, in the sun
all'ombra .... shady, in the shade
altro .... other
bello *irreg*................... beautiful
chiassoso .... noisy
completo...................... full
compreso .... included
confortevole .... comfortable
da asporto .... take-away
di gran lusso *inv* .... luxurious
disponibile................... available
fantastico..................... fantastic
grande *irreg*................. big
grazioso .... pretty
industriale................... industrial
magnifico .... superb
molto confortevole .... very comfortable
non caro...................... not dear
non compreso .... not included
obbligatorio .... compulsory
occupato .... taken
panoramico.................. scenic
pittoresco.................... picturesque
privato .... private
proibito....................... not allowed
rumoroso .... noisy
storico......................... historic
tranquillo.................... peaceful
turistico .... popular with tourists
tutto l'anno .... all year round

Verbi utili	**Useful verbs**

aiutare .... to help
andare* (in visita) da *irreg* .... to visit (person)
andare* a cavallo *irreg* ..... to ride
andare* *irreg* .... to go
aprire *irreg*................. to open
bagnarsi*..................... to bathe
camminare .... to walk
cercare § .... to look for
chiudere *irreg* .... to close
costare......................... to cost
essere* in vacanza *irreg* ...to be on holiday
(andare* a) fare una passeggiata* *irreg*
.... to go for a walk
giocare § (a)................. to play
mettersi* in cammino *irreg* ...to set out
nuotare .... to swim
pagare § .... to pay (for)
partire* per le vacanze. to go on holiday
passare quindici giorni. to spend a fortnight
passeggiare § .... to walk, stroll
rimanere* *irreg*........... to stay
ringraziare § .... to thank
vedere *irreg* .... to see
viaggiare § .... to travel
visitare .... to visit (place)

abbronzarsi* .... to sunbathe
andare* in slitta *irreg*... to go sledging
annegare* § .... to drown
avere il mal di mare *irreg* .... to be seasick
campeggiare § .... to camp
cucinare....................... to cook
divertirsi*..................... to have a good time
fare alpinismo *irreg* ..... to go mountaineering
fare campeggio *irreg* ... to go camping
fare un'escursione a piedi *irreg*
.... to go for a hike
fare un giro in barca *irreg*
.... to go out in a boat
fare sci di fondo *irreg*
.... to do cross country ski-ing
fare sci nautico *irreg*.... to water ski

fare una settimana bianca *irreg*
................................to take a winter holiday
fare surf *irreg* ....to surf
fare tavola a vela *irreg* .to sailboard
fare vela *irreg* ....to sail
galleggiare § ....to float
montare una tenda ....to pitch a tent

noleggiare § .... to hire, let
partire* in aereo .... to leave by plane
portare un picnic .... to take a picnic
remare .... to row
sciare .... to ski
tuffarsi* .... to dive

Phrases

Ho passato le vacanze estive al mare *I spent the summer holidays by the sea*

L'anno scorso ho visitato la Grecia *I visited Greece last year*

Abbiamo fatto campeggio in Francia *We went camping in France*

Sono andato con la mia famiglia *I went with my family*

Sandra è andata con gli amici *Sandra went with her friends*

Abbiamo passato quindici giorni in montagna *We spent a fortnight in the mountains*

Durante le vacanze di Pasqua andrò in Spagna *I shall be going to Spain in the Easter holidays*

Andrò a sciare nelle Dolomiti a Natale *I shall be going skiing in the Dolomites at Christmas*

Vorrei prenotare una camera con bagno per due persone *I would like to reserve a room, with a bath, for two people*

Contiamo di rimanere tre notti *We are planning to stay three nights*

A che ora è la prima colazione? *What time is breakfast?*

Scusi, dove si può parcheggiare la macchina? *Where may I park the car, please?*

C'è un ristorante vicino all'albergo? *Is there a restaurant near the hotel?*

Non c'è più sapone *There is no soap left*

THE INTERNATIONAL WORLD

Generale　　General

i paesi industrializzati .. developed countries
i paesi in via di sviluppo
.... developing countries
i paesi ricchi .... rich countries
il terzo mondo .... the third world

l'aggressività (f) .... aggression
l'analfabetismo (m) ...... illiteracy
l'asilo politico (m) .... political asylum
il capitalismo .... capitalism
il colore della pelle .... skin colour
il comunismo .... communism
la corruzione .... corruption
le grandi imprese .... big business
la legge della giungla ... law of the jungle
la malattia .... illness
la malattia mentale .... psychiatric illness
l'opinione politica (f) ... political opinion
la polizia segreta .... secret police
la povertà .... poverty, destitution
il pregiudizio .... prejudice
il profugo .... refugee
la religione .... religion
il, la senza tetto .... homeless person
il socialismo .... socialism
il terrorismo .... terrorism
l'uguaglianza (f) .... equality

Verbi utili　　Useful verbs

ammazzare .... to kill
chiedere asilo *irreg* .... to seek asylum
dare asilo *irreg* .... to give asylum
rispettare .... to have respect for
sfruttare .... to exploit
suicidarsi* .... to commit suicide
tollerare .... to have tolerance for
torturare .... to torture
uccidere *irreg* .... to kill

La storia e la politica
History and politics

Le persone　　**People**
il deputato (parlamentare) ... MP
il, la presidente .... president
il primo ministro .... prime minister
il principe .... prince
la principessa .... princess
il re .... king
la regina .... queen

la borghesia .... middle class
la classe operaia .... working class
la democrazia .... democracy
il fascismo .... fascism
il governo .... government
la guerra .... war
la guerra civile .... civil war
la prima guerra mondiale .... World War 1
la seconda guerra mondiale ... World War 2
la monarchia .... monarchy
la nazione .... nation
la pace .... peace
il paese .... country
il parlamento .... parliament
il partito .... party (political)
il Rinascimento .... Renaissance
la repubblica .... republic
il Risorgimento .... Risorgimento
la rivoluzione (industriale)
.... (industrial) revolution
lo stato .... state
l'unificazione d'Italia .. unification of Italy

La geografia　　Geography

l'altopiano (m) .... plateau
il canale .... canal
la cascata .... waterfall
la catena di montagne .. mountain range
la città .... town

87

il colle.........................mountain pass
la collina.....................hill
il continente................continent
il fiume.......................river (large)
la foresta tropicale.......rain forest
il ghiacciaio.................glacier
la montagna................mountain
il paese.......................country
la pianura....................plain
il picco........................peak
la provincia.................province
la regione....................region
la scogliera ....cliff
il torrente....................stream
la valle........................valley
il villaggio ....village

La protezione dell'ambiente
Conservation

la causa........................reason, cause
la conseguenza.............consequence
l'effetto (m)..................effect
l'energia (f)..................energy
il futuro.......................future
il mondo ....world
la natura......................nature
il pianeta.....................planet
la ragione....................reason
il sole..........................sun
lo spazio ....space
la terra.........................earth

l'ambiente (m).............environment
il clima........................climate
la conservazione d'energia
...............................energy conservation
il deserto.....................wilderness
l'equilibrio naturale (m) .... natural balance
la fauna.......................animals, fauna
la fauna marina............marine life
la flora ....plants, flora
la foresta.....................forest

la natura .... nature, wilderness
il sistema ecologico...... ecosystem
lo strato dell'ozone ...... ozone layer
gli uccelli (mpl)........... bird life

Catastrofi   Disasters

l'alluvione (f)............... flood
il cambiamento climatico. change in climate
la carestìa .... famine
i danni dell'inquinamento
.... ravages of pollution
il disboscamento .... deforestation
l'effetto serra (m)........ greenhouse effect
l'epidemia (f).............. epidemic
l'eruzione vulcanica (f).... volcanic eruption
l'esplosione (f)............ explosion
l'incendio (m) .... fire
l'inquinamento urbano (m).. urban pollution
le mancanza di pioggia .... lack of rain
l'onda di marea (f) .... tidal wave
lo sgelo........................ thawing
la siccità .... drought
il terremoto.................. earthquake
il tornado.................... tornado
la valanga.................... avalanche

Le cause dell'inquinamento
Sources of pollution

l'acido (m) .... acid
l'ammasso di scorie (m)... slag heap
il bosco........................ wood
il carbone .... coal
il carburante .... fuel
la centrale elettrica....... power station
la centrale nucleare ...... nuclear power station
la circolazione............. traffic
i combustibili fossili .... fossil fuels
le emissioni di gas........ exhaust gases
la fabbrica .... factory
il fall-out radioattivo .... radioactive fall-out
il gas naturale.............. natural gas
l'industria mineraria (f).... mining industry

le industrie chimiche .... chemical industries
la macchia di petrolio ... oil slick
la marmitta catalitica .... catalytic converter
la metaniera .... gas tanker
il pesticida .... pesticide
la petroliera .... oil tanker
la pioggia acida .... acid rain
la raffineria di petrolio . ... oil refinery
il tubo di scappamento . ... exhaust pipe

I rifiuti domestici   Domestic waste

la carta .... paper
la lattina d'acciaio .... steel can
la lattina d'alluminio .... aluminium can
la materia plastica .... plastic
il metallo .... metal
il riciclaggio dei rifiuti . waste recycling
il sacchetto di plastica .. plastic bag
il vetro .... glass

marrone .... brown
trasparente .... clear
verde .... green

La fauna   Fauna

Gli insetti   Insects
l'ape (f) .... bee
il bruco .... caterpillar
la coccinella .... ladybird
la farfalla .... butterfly
la formica .... ant
la mosca .... fly
il ragno .... spider
la tarma .... moth
la vespa .... wasp
la zanzara .... mosquito

Gli uccelli   Birds
il cigno .... swan
il condor .... condor
il gufo .... barn owl
il rapace .... bird of prey
l'uccello acquatico (m) ..... waterfowl
l'uccello migratore (m) ..... migratory bird

Le speci minacciate di estinzione
Endangered species
la balena blu .... blue whale
il delfino .... dolphin
l'orang-outang (m) .... orang-utan
l'orso polare (m) .... polar bear
il panda gigante .... giant panda
il pescecane .... shark

For **other animals** see page 84

l'avorio (m) .... ivory
la biada .... fodder
il cadavere .... corpse
l'habitat (m) .... habitat
la pelliccia .... fur
il plancton .... plankton
la zanna d'avorio .... tusk

La flora   Flora
l'albero (m) .... tree
l'alga marina (f) .... sea algae
il bosco .... wood
la campanula .... bluebell
la conifera .... fir tree
il fiore .... flower
i fiori selvatici .... wild flowers
la foresta .... forest
l'olmo (m) .... elm
il pino .... pine tree
la primula .... primrose
la quercia .... oak

Aggettivi	**Adjectives**
bagnato	wet
caldo	hot
coperto	cloudy, overcast
criminale	criminal
dolce	soft, gentle
ecologico	ecological
ferito	injured, wounded
freddo	cold
irreversibile	irreversible
meridionale	southern
nucleare	nuclear
ripido	steep
rumoroso	noisy
scuro	dark, gloomy
settentrionale	northern
terribile	awful
tiepido	mild, lukewarm
umido	humid, wet
urbano	urban

Verbi utili	**Useful verbs**
abbassarsi*	to fall (temperature)
avvelenare	to poison
bruciare §	to burn, parch
cadere* *irreg*	to fall (temperature)

coltivare	to grow, cultivate
condannare	to condemn, doom
distruggere *irreg*	to destroy
eccedere	to exceed
inquinare	to pollute
limitare i danni	to limit the damage
migliorare	to improve
minacciare §	to threaten
produrre un clima *irreg*	to produce a climate
proteggere *irreg*	to conserve, protect
raccogliere *irreg*	to pick
respirare	to breathe
riciclare	to recycle
rubare	to steal
salire*	to rise (temperature)
salvare	to save
scaricare § in mare	to dump at sea (oil, chemicals)
seccare §	to parch, dry out
soffrire *irreg*	to suffer
sospettare	to suspect
spandere	to spread
spogliare §	to despoil
sprecare §	to waste
uccidere	to kill

COUNTRIES, REGIONS AND TOWNS

Alcuni paesi europei   Some European Countries

Country	Meaning	Language	Inhabitant	Adjective
l'Inghilterra (f)	England	l'inglese	un(') inglese	inglese
la Scozia	Scotland	l'inglese	uno/a scozzese	scozzese
l'Irlanda del Nord (f)	N Ireland	l'inglese	un(') irlandese	irlandese
l'Irlanda (l'Eire) (f)	Irish Republic	l'irlandese, l'inglese	un(') irlandese	irlandese
il Galles	Wales	il gallese, l'inglese	un(a) gallese	gallese
la Germania	Germany	il tedesco	un(a) tedesco/a	tedesco
l'Austria (f)	Austria	il tedesco	un(') austriaco/a	austriaco
il Belgio	Belgium	il francese, il fiammingo	un(a) belga	belga
la Danimarca	Denmark	il danese	un(a) danese	danese
la Spagna	Spain	lo spagnolo	uno/a spagnolo/a	spagnolo
la Finlandia	Finland	il finlandese	un(a) finlandese	finlandese
la Francia	France	il francese	un(a) francese	francese
la Grecia	Greece	il greco	un(a) greco/a	greco
l'Italia (f)	Italy	l'italiano	un(') italiano/a	italiano
il Lussemburgo	Luxembourg	il francese, il tedesco		
			un(a) lussemburghese	lussemburghese
I Paesi Bassi/l'Olanda	Netherlands	l'olandese	un(a) olandese	olandese
il Portogallo	Portugal	il portoghese	un(a) portoghese	portoghese
la Svezia	Sweden	lo svedese	uno(a) svedese	svedese

Altri paesi   Other countries

l'Africa del Sud (f)....... South Africa
l'Albania (f) .... Albania
le Antille...................... West Indies
l'Argentina (f) .... Argentina
l'Australia (f) .... Australia
il Bangladesh................ Bangladesh
le Bermuda .... Bermuda
il Brasile .... Brazil
il Cile........................... Chile
la Cina .... China
la Colombia.................. Columbia
la Giamaica .... Jamaica
il Giappone................... Japan
l'India (f) .... India
le isole Seychelles .... Seychelles

il Libano .... Lebanon
il Marocco .... Morocco
la Norvegia .... Norway
la Nuova Zelanda.......... New Zealand
il Pakistan .... Pakistan
la Polonia..................... Poland
la Repubblica Ceca....... Czech Republic
il Ruanda .... Rwanda
la Russia .... Russia
gli Stati Uniti .... USA
la Svezia .... Sweden
la Svizzera .... Switzerland
la Thailandia................ Thailand
l'Ungheria (f)............... Hungary
il Vietnam.................... Vietnam

Le regioni   Regions

Italy

l'Alto Adige (m)..........South Tyrol
la Lombardia ....Lombardy
il Lazio ....Latium
il Mezzogiorno ....South of Italy
la Pianura padana ....Po Valley
il Piemonte ....Piedmont
la Riviera ligure............Italian Riviera
la Sardegna ....Sardinia
la Sicilia.......................Sicily
la Toscana....................Tuscany
la Valle d'Aosta............Aosta Valley

Britain

la Cornovaglia ....Cornwall
le (isole) Ebridi............Hebrides
l'isola di Man (f) ....Isle of Man
le (isole) Orcadi...........Orkney Isles
la regione dei laghi ......Lake District

Le città   Towns

l'Aia (f).........................The Hague
Algeri............................Algiers
Anversa ....Antwerp
Atene ....Athens
Berna ....Berne
Bruxelles ....Brussels
Edimburgo...................Edinburgh
Firenze.........................Florence
Francoforte ....Frankfurt
Genova ....Genoa
Ginevra........................Geneva
Lione ....Lyons
Lisbona........................Lisbon
Livorno........................Leghorn
Londra ....London
Losanna ....Lausanne
Marsiglia ....Marseilles
Milano ....Milan
Monaco........................Munich
Mosca ....Moscow

Praga ....Prague
Roma............................Rome
Siviglia........................Seville
Torino ....Turin
Varsavia......................Warsaw
Venezia ....Venice
Zurigo ....Zurich

Mari, montagne e fiumi
Seas, mountains and rivers

la Manica ....English Channel
il Mar Baltico..............Baltic Sea
il Mare d'Irlanda ....Irish Sea
il Mare del Nord ....North Sea
il Mar Ionio.................Ionian Sea
il Mar Ligure...............Ligurian Sea
il Mar Morto ....Dead Sea
il Mar Nero ....Black Sea
il Mar Rosso ....Red Sea
il Mar Tirreno ....Tyrrhenian Sea
il Mare Adriatico ....Adriatic Sea
il Mediterraneo ....Mediterranean
lo Stretto di Dover ....Straits of Dover

l'Oceano Atlantico (m)....Atlantic Ocean
l'Oceano Indiano (m).......Indian Ocean
l'Oceano Pacifico (m)......Pacific Ocean

le Alpi ....Alps
gli Appennini ....Appennines
il Cervino ....The Matterhorn
le Dolomiti..................Dolomites
il Monte Bianco ....Mont Blanc
i Pirenei......................Pyrenees

l'Arno (m)...................Arno
il Po............................Po
il Reno ....Rhine
il Rodano ....Rhone
la Senna ....Seine
il Tamigi ....Thames
il Tevere......................Tiber

NUMBERS, TIMES AND DATES

I numeri cardinali

Cardinal numbers

0	zero	20	venti	90	novanta
1	uno, una	21	ventuno	100	cento
2	due	22	ventidue	101	centouno
3	tre	23	ventitré	105	centocinque
4	quattro	24	ventiquattro	108	centootto
5	cinque	25	venticinque	110	centodieci
6	sei	26	ventisei	150	centocinquanta
7	sette	27	ventisette	300	trecento
8	otto	28	ventotto	308	trecentootto
9	nove	29	ventinove	400	quattrocento
10	dieci	30	trenta	406	quattrocentosei
11	undici	31	trentuno	1000	mille
12	dodici	38	trentotto	2000	duemila
13	tredici	39	trentanove	10.000	diecimila
14	quattordici	40	quaranta	12.030	dodicimilatrenta
15	quindici	41	quarantuno	500.000	cinquecentomila
16	sedici	50	cinquanta		(mezzo millione)
17	diciassette	60	sessanta	1.000.000	un milione
18	diciotto	70	settanta	5.000.000	cinque milioni
19	diciannove	80	ottanta	1.000.000.000	un miliardo

Remember that: Numbers (and years) in Italian are normally written as one word.

La data

The date

Oggi è il primo settembre...............................Today is September 1st
Oggi è il due gennaio ....Today is January 2nd
Oggi è l' otto marzo ....Today is March 8th
Oggi è l' undici aprile ....Today is April 11th
Oggi è il diciannove maggio ....Today is May 19th
Oggi è il dodici luglio ....Today is July 12th
Il mio compleanno è il 10 novembre ....My birthday is November 10th
Sono nato/a nel millenovecentonovantotto....I was born in 1998
Questo libro è stato pubblicato nel 2011........This book was published in 2011

I numeri ordinali

Ordinal numbers

Remember that these behave like adjectives and agree with the noun they describe as shown in the first two examples

primo, prima, primi, prime .... first

secondo, seconda, secondi, seconde .... second

terzo .... third

quarto .... fourth

quinto .... fifth

sesto .... sixth

settimo .... seventh

ottavo .... eighth

nono .... ninth

decimo .... tenth

undicesimo .... eleventh

dodicesimo .... twelfth

tredicesimo .... thirteenth

quattordicesimo .... fourteenth

quindicesimo .... fifteenth

sedicesimo .... sixteenth

diciassettesimo .... seventeenth

diciottesimo .... eighteenth

diciannovesimo .... nineteenth

ventesimo .... twentieth

ventunesimo .... twenty-first

ventiduesimo .... twenty-second

Che ore sono?

What time is it?

È l'una .... It is one o'clock

Sono le due .... It is two o'clock

Sono le tre e cinque .... It is five past three

Sono le quattro e dieci .... It is ten past four

Sono le cinque e un quarto .... It is quarter past five

Sono le sei e venti .... It is twenty past six

Sono le sette e venticinque .... It is twenty five past seven

Sono le otto e mezzo (Sono le otto e trenta) .... It is half past eight

Sono le due meno venticinque .... It is twenty five to two

Sono le tre meno venti .... It is twenty to three

Sono le quattro meno un quarto .... It is quarter to four

Sono le cinque meno dieci .... It is ten to five

Sono le sei meno cinque... .... It is five to six

È mezzogiorno .... It is midday, noon

È mezzogiorno meno un quarto .... It is quarter to twelve (midday)

È mezzogiorno e cinque .... It is five past twelve (midday)

È mezzogiorno e un quarto .... It is quarter past twelve (midday)

È mezzogiorno e mezzo .... It is half past twelve (midday)

È la mezza .... It is half past twelve

È mezzanotte .... It is midnight

È mezzanotte meno dieci .... It is ten to twelve (midnight)

È mezzanotte e dieci .... It is ten past twelve (midnight)

È mezzanotte e mezzo .... It is half past twelve (midnight)

In Italian, the 24 hour clock is used for giving official times (on the radio etc) and to avoid misunderstandings.

Sono le ore venti (20h)..20.00 It is 8 pm

Sono le ore ventidue e quindici (22h15)...................22.15 It is a quarter past ten (pm)

Sono le ore diciotto e trenta (18h30).........................18.30 It is 6.30 pm

Sono le ore tredici e quarantacinque (13h45) ....13.45 It is 1.45 pm

Mattino, pomeriggio e sera

il giorno	the day
la giornata	the day (duration)
la notte	the night
la nottata	the night (duration)
la mattina	morning
la mattinata	morning (duration)

Parts of the day

il pomeriggio	afternoon
la sera	evening
la serata	evening (duration)
ogni giorno	every day
tutti i giorni	every day
a giorni alterni	on alternate days

I giorni della settimana

lunedì	Monday
martedì	Tuesday
mercoledì	Wednesday
giovedì	Thursday

Days of the week

venerdì	Friday
sabato	Saturday
domenica	Sunday

I mesi dell'anno

gennaio	January
febbraio	February
marzo	March
aprile	April
maggio	May
giugno	June

Months of the year

luglio	July
agosto	August
settembre	September
ottobre	October
novembre	November
dicembre	December

ABBREVIATIONS

a.C. (avanti Cristo)..BC
A.C.I. (Automobile Club d'Italia)..Italian Automobile Association
ALITALIA (Aerolinee Italiane Internazionali)....................Italian airline
C.A.P. (Codice di Avviamento Postale)..............................postcode
C.P. (Casella Postale)...PO Box
cm (centimetro)..centimetre
cm q (centimetro quadrato)...square centimetre
d.C. (dopo Cristo)...AD
Dir. (Direttore) ....manager, director
dott. (Dottore)...person holding a university degree
dr. (dottore in medicina)...doctor
dr.ssa (dottoressa in medicina)..lady doctor
dz (dozzina)...dozen
E.N.I.T. (Ente Nazionale per il Turismo)............................National Tourist Office
E.P.T. (Ente Provinciale per il Turismo).............................Provincial Tourist Office
es. (esempio) ....example
F.I.F.A. (Federazione Internazionale Calcio)......................International Football Association
F.lli (Fratelli)..Brothers (business)
FF SS (Ferrovie dello Stato) ....Italian State Railways
H (ospedale) ....Hospital
I.V.A. (Imposta sul Valore Aggiunto)................................VAT
L.it. (lire italiane) ....former Italian currency (lire)
L.st. (lira sterlina)..pound (sterling)
mitt. (mittente) ....sender (mail)
POLSTRADA (Polizia Stradale) ....Highway Police
PP.TT. (Poste e Telecomunicazioni)...................................Post Office
P.zza (piazza) ....square
pl. (piazzale)..square
R.A.I. (Radiotelevisione Italiana)..Radio/TV broadcasting corporation
Rev., Rev.mo (Reverendo, Reverendissimo) ....Reverend, Right Reverend
Sig. (Signore) ....Mr
Sig.a (Signora)...Mrs, Ms
Sig.na (Signorina) ....Miss, Ms
Sigg. (Signore e Signori)..Messrs
S.r.l. (Società a responsabilità limitata) ....Limited company
U.E. (L'Unione europea)..EU (European Union)
V.F., V.d.F. (Vigili del Fuoco)..Fire Brigade
v.le (viale) ....avenue
v.o. (versione originale) ....with the original soundtrack
Vs. (Vostro)...Your (in business letters)
VV.UU. (Vigili Urbani) ....Traffic police